중국어 지금 시작해!

중국어 지금 시작해

초판 1쇄 발행 | 2020년 1월 20일
초판 2쇄 발행 | 2021년 3월 15일

지은이 | 왕심린
발행인 | 김태웅
책임편집 | 안현진, 김현아, 이지혜
교정 | 연윤영
디자인 | ALL designgroup
마케팅 총괄 | 나재승
제작 | 현대순

발행처 | (주)동양북스
등록 | 제 2014-000055호
주소 | 서울시 마포구 동교로22길 14 (04030)
전화 | (02)337-1737
팩스 | (02)334-6624
웹사이트 | http://www.dongyangbooks.com

ISBN 979-11-5768-576-9 13720

이 도서의 국립중앙도서관 출판예정도서목록(CIP)은 서지정보유통지원시스템 홈페이지(http://seoji.nl.go.kr)와 국가자료공동목록시스템(http://www.nl.go.kr/kolisnet)에서 이용하실 수 있습니다. (CIP제어번호: CIP2019051910)

중국어 지금 시작해!

일 년 후 달라진
나를 만나고 싶다면

왕심린식
<7번 보기
드라마 학습법>
전격 공개

왕심린 저

동양북스

★ prologue

이 책을 쓰면서 제가 살아온 날들을 되돌아보게 됩니다. 30년이란 시간이 길다고 하기엔 조금 짧은 것 같고, 짧다고 하기엔 조금 긴 듯합니다. 그 시간 속에서 저는 열심히 살아온 것 같습니다. 현재의 저는 아직 인생에서 크게 성공한 것도 아니고, 남에게 내놓을 만한 것도 없지만 그래도 저에게 생명을 주신 부모님에게 정말 열심히 살았다는 말을 당당하게 할 수 있을 것 같습니다.

이 책은 중국어를 배우는 책이지만, 이 책을 통해 제가 여러분에게 전해 드리고 싶은 메시지는 여러분이 이루고자 하는 것이 있다면 일단 꿈만 꾸지 말고 꼭 실천해 보라는 것입니다. 저도 여러분과 똑같이 꿈이 많습니다. 다만 제가 조금 자랑스럽게 말씀드릴 수 있는 것은 저는 그 꿈들을 꾸기만 하지 않았다는 사실입니다. 저는 항상 어떤 꿈이 있으면 행동으로, 실천으로 그 꿈을 이루어 왔습니다.

처음 한국어 공부를 시작했을 때 한국으로 유학을 오고, 한국에서 방송을 하고, 한국어로 책까지 쓰는 날이 오게 되리라고는 전혀 예상하지 못했습니다. 가히 '기적'이라고 부를 만한 일들이 제 인생에 펼쳐진 것입니다. 한 언어의 힘으로 제 인생이 이렇게까지 변화된 것이 지금 봐도 너무 신기하고 놀랍습니다. 그런데 여기서 제가 작은 비밀을 하나 알려드릴게요. 꿈을 이루는 것을 '기적'이라고 부른다면, 사실 기적은 남들에게는 기적이지만 당사자에게는 그저 꿈을 향해 한 걸음 한 걸음 다가간 것의 결과물일 뿐입니다. 제가 한국어를 배우는 일을 꿈만 꾸고 실천하지 않았다면 지금과 같은 날은 오지 않았을 것입니다. 여러분도 단 한 번뿐이고 금방 사라지는 인생에서 '기적'을 이루어 보지 않으시겠습니까?

이 책은 2019년에 정리한 책입니다. 2019년은 저에게는 30대의 첫해입니다. 저에게 20대는 인생에서 제일 중요한 시간이었고, 실수도 많았지만 재미있었고, 무엇보다 최선을 다했다고 생각하기 때문에 만족합니다. 그리고 앞으로의 시간들도 제가 '지금' 어떤 '시도'를 하느냐에 따라 그 모습이 결정될 것이라고 확신하기에, 30대도 가슴이 두근거리는 멋진 시도들로 채워가고자 합니다. 그리고 바라건대 독자 여러분도 나중에 지금 이 시기를 돌이켜 봤을 때 이렇게 말씀하실 수 있게 되면 좋겠습니다.
"그때 그랬지. 해 보고 싶은 거 다 해 봤어. 나름대로 열심히."

저자 왕심린

★ 추천사

늘 열심히 생활하는 제 친구 왕심린 씨가 중국어를 공부하는 분들을 위해 중국어책을 썼다니 대단하다는 생각이 듭니다. 저도 중국어를 한번 배워보고 싶지만, 한자 지식도 부족하고 서양에서 온 사람이라서 중국어 배우기가 어렵지 않을까 걱정했어요. 하지만 중국어의 기초 표현을 쉽게 알려주는 이 책이라면 올해는 도전해 볼 수 있을 것 같습니다. 여러분도 저도 함께 중국어에 도전해 보시지 않으시렵니까?

– 크리스티안 부르고스 (멕시코 방송인)

외국어를 공부하는 데 있어 '드라마 학습법'은 정말 효과적인 방법입니다. 원어민들이 지금 현재 가장 많이 사용하는 자연스러운 대화체 표현들을 익힐 수 있으니까요. 왕심린 씨가 쓴 이 책은 심플하면서도 핵심을 배울 수 있는 중국어책이라 초급자들에게 많은 도움이 될 것 같습니다. 저도 중국어를 잠깐 공부한 적이 있었는데, 딱 이런 책이 필요했었거든요.

– 오오기 히토시 (일본 방송인, 일본어 강사)

심린 씨는 중국어를 전문적으로 가르치는 강사가 아닌데도, 중국어 초급자들에게 꼭 필요한 핵심표현들을 잘 골라 이해하기 쉽게 설명하고 있어 놀랍습니다. 각 표현마다 한국인들이 궁금해할 만한 포인트들을 잘 짚어주고, 중국 문화에 대해서도 재미있게 설명해 주어 학습자들이 이 책이라면 중국어를 재미있게 도전해 볼 수 있을 것 같습니다. 중국어에 도전해 보고 싶은 분들에게 매우 적합하기에 강추합니다.

– 쩡친 (중국어 강사, 〈TSC 한 권이면 끝〉 저자)

★ 이 책의 활용법

중국어 잘하고 싶으시죠?
중국어를 너무 빨리 잘하게 되는
'비정상 중국어 학습법'을 알려 드립니다!

STEP 1 재미있게 읽기 (밤샘 주의!)

'너무 재밌어서 밤새 읽는 중국어 표현 120'의
표현과 설명, 대화문을 가벼운 마음으로 읽습니다.
'아 이런 표현도 있구나' 하면서 재미있게 읽으시면 됩니다.

STEP 2 mp3를 들으며 5번 따라 읽기

이 책의 표현들을 처음부터 외우려 하지 말고,
한 문장을 5번씩 소리 내어 읽는 것을 목표로 하세요.
5번 읽기를 3회까지 상황표에 기록하며 도전해 봐요!
중국어가 귀에 익숙해지는 것이 중요합니다.

STEP 3 한국어-중국어 즉각 반응 연습

한국어를 보고 해당 표현이 중국어로 즉각 튀어나오도록 연습합니다.
반응이 늦다면 5번 읽기를 몇 회 더 반복합니다.
생각하여 말하면 이미 늦습니다.

★ 중국어 5번 읽기 상황표

이 책의 표현들을 처음부터 외우려 하지 말고, 일단 한 문장을 5번씩 소리 내어 읽는 것을 목표로 하세요. 이때 mp3 음원을 통해 최대한 원어민의 발음에 가깝게 연습합니다.

	01-02	03-04	05-06	07-08	09-10
CHAPTER 01	1회 ☑ 2회 ☐ 3회 ☐	1회 ☐ 2회 ☐ 3회 ☐	1회 ☐ 2회 ☐ 3회 ☐	1회 ☐ 2회 ☐ 3회 ☐	1회 ☐ 2회 ☐ 3회 ☐
CHAPTER 02	1회 ☐ 2회 ☐ 3회 ☐	1회 ☐ 2회 ☐ 3회 ☐	1회 ☐ 2회 ☐ 3회 ☐	1회 ☐ 2회 ☐ 3회 ☐	1회 ☐ 2회 ☐ 3회 ☐
CHAPTER 03	1회 ☐ 2회 ☐ 3회 ☐	1회 ☐ 2회 ☐ 3회 ☐	1회 ☐ 2회 ☐ 3회 ☐	1회 ☐ 2회 ☐ 3회 ☐	1회 ☐ 2회 ☐ 3회 ☐
CHAPTER 04	1회 ☐ 2회 ☐ 3회 ☐	1회 ☐ 2회 ☐ 3회 ☐	1회 ☐ 2회 ☐ 3회 ☐	1회 ☐ 2회 ☐ 3회 ☐	1회 ☐ 2회 ☐ 3회 ☐
CHAPTER 05	1회 ☐ 2회 ☐ 3회 ☐	1회 ☐ 2회 ☐ 3회 ☐	1회 ☐ 2회 ☐ 3회 ☐	1회 ☐ 2회 ☐ 3회 ☐	1회 ☐ 2회 ☐ 3회 ☐
CHAPTER 06	1회 ☐ 2회 ☐ 3회 ☐	1회 ☐ 2회 ☐ 3회 ☐	1회 ☐ 2회 ☐ 3회 ☐	1회 ☐ 2회 ☐ 3회 ☐	1회 ☐ 2회 ☐ 3회 ☐

5번씩 읽기를 3회까지 상황표에 기록해 봐요.
상황표에 표시하면서 공부하면
진행 상황이 한눈에 들어와 더욱 동기부여가 될 것입니다.

	01-02	03-04	05-06	07-08	09-10
CHAPTER 07	1회 2회 3회 □ □ □	1회 2회 3회 □ □ □	1회 2회 3회 □ □ □	1회 2회 3회 □ □ □	1회 2회 3회 □ □ □
CHAPTER 08	1회 2회 3회 □ □ □	1회 2회 3회 □ □ □	1회 2회 3회 □ □ □	1회 2회 3회 □ □ □	1회 2회 3회 □ □ □
CHAPTER 09	1회 2회 3회 □ □ □	1회 2회 3회 □ □ □	1회 2회 3회 □ □ □	1회 2회 3회 □ □ □	1회 2회 3회 □ □ □
CHAPTER 10	1회 2회 3회 □ □ □	1회 2회 3회 □ □ □	1회 2회 3회 □ □ □	1회 2회 3회 □ □ □	1회 2회 3회 □ □ □
CHAPTER 11	1회 2회 3회 □ □ □	1회 2회 3회 □ □ □	1회 2회 3회 □ □ □	1회 2회 3회 □ □ □	1회 2회 3회 □ □ □
CHAPTER 12	1회 2회 3회 □ □ □	1회 2회 3회 □ □ □	1회 2회 3회 □ □ □	1회 2회 3회 □ □ □	1회 2회 3회 □ □ □

★ Contents

PART 2 너무 재밌어서 밤새 읽는 중국어 표현 120

CHAPTER 01
인사

CHAPTER 02
리액션 중국어

CHAPTER 07
공항/호텔/교통

CHAPTER 09
식사 중국어

중국어
구경하기
INTRO

중국어의 한어병음

'한어병음'은 중국어 한자의 읽는 방법을 알려주는 '발음기호'에 해당합니다. 병음은 기본적으로 알파벳을 빌려 온 것이지만, 영어의 알파벳과는 다른 발음들이 많이 있으므로 주의가 필요합니다.

01 중국어의 성조

'성조(聲調)'란 음의 높낮이를 말합니다. 중국어에는 1성, 2성, 3성, 4성 그리고 경성이 있습니다. 같은 발음이라도 성조가 달라지면 뜻이 달라지니, 중국어를 익힐 때는 항상 성조에 주의해 주세요.

1 기본 성조

00-01

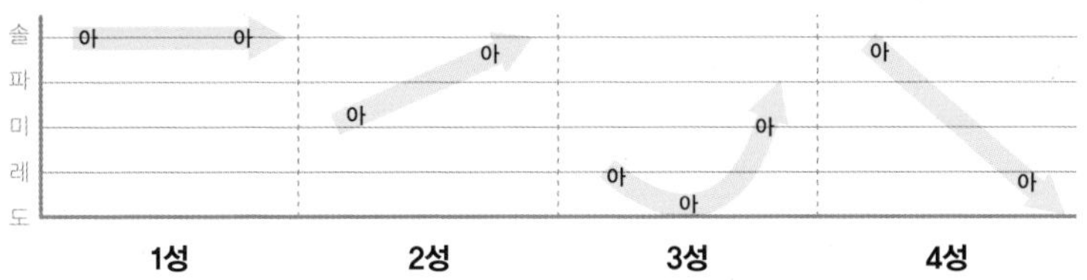

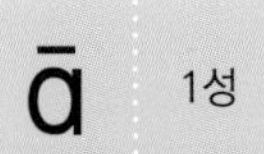

1성

처음부터 끝까지 길고 높은 음을 유지한다.
치과에서 '아~ 하세요' 할 때의 느낌이다.

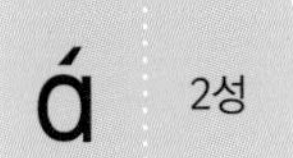

2성

중간 음에서 높은 음으로 빠르게 끌어올린다.
황당한 얘기를 듣고 '네에?' 하고 되묻는 느낌이다.

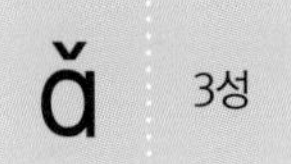

3성

낮게 시작하여 가장 낮은 음까지 내려갔다가 올라오는 음이다.
뭔가 깨달았을 때 '아아~' 하는 느낌이다.

4성

높은 음에서 가장 낮은 음으로 단숨에 내린다.
발을 밟혔을 때 '아!' 하는 느낌이다.

2 경성

'경성'이란 원래의 성조가 사라지고 가볍게 살짝 발음되는 소리입니다. 경성은 병음 위에 아무런 성조 표시도 하지 않으며, 앞의 성조에 따라 높이가 달라집니다.

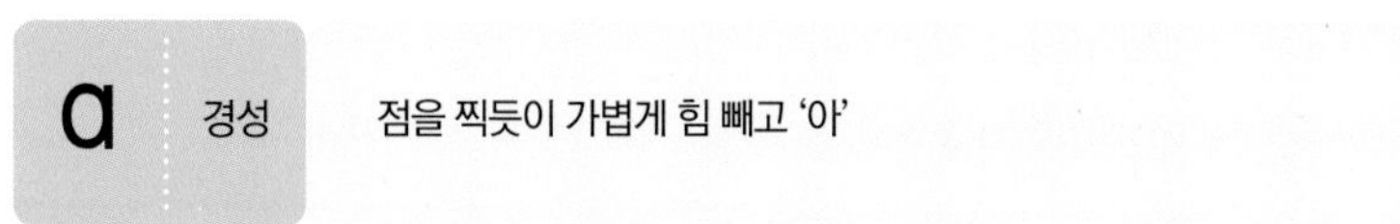

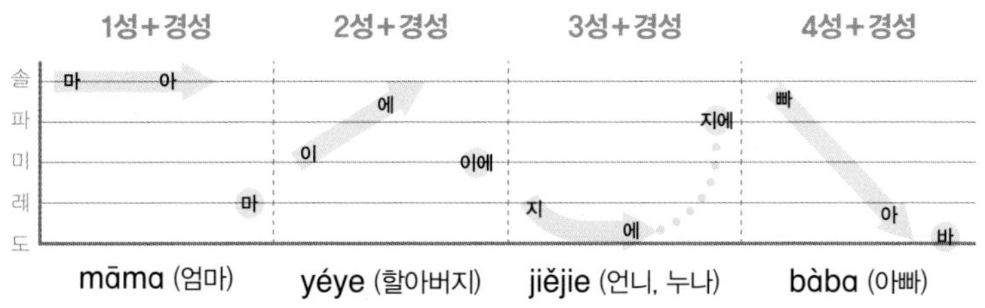

3 3성의 변화

3성은 뒤에 어떤 성조가 오느냐에 따라 발음이 달라집니다.(3성이 본래 성조로 발음되는 경우는 단독으로 쓰일 때나 문장 끝에 오는 경우입니다.)

● 3성 + 3성 ➜ 2성 + 3성

'3성+3성'으로 3성이 연달아 오면 앞의 3성을 2성으로 바꿔 '2성+3성'으로 발음합니다.

예 안녕하세요

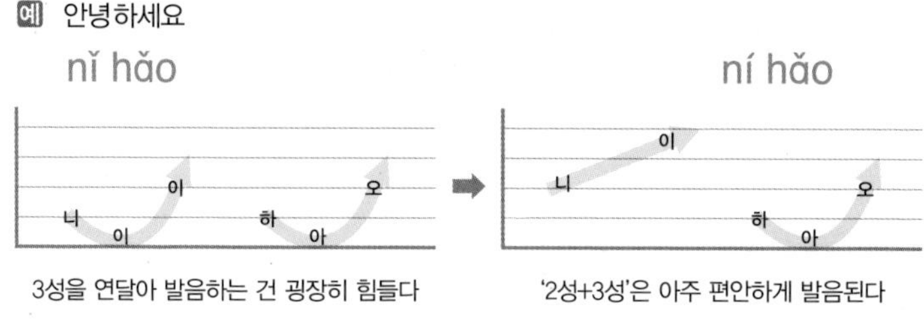

● 3성 + 1, 2, 4성, 경성 ➜ 반3성 + 1, 2, 4성, 경성

3성 뒤에 1, 2, 4성 및 경성이 오면 3성을 다 발음하지 않고 앞에 내려가는 부분까지만 발음합니다. 이를 3성을 반만 읽는다 하여 '반3성'이라고 부릅니다.

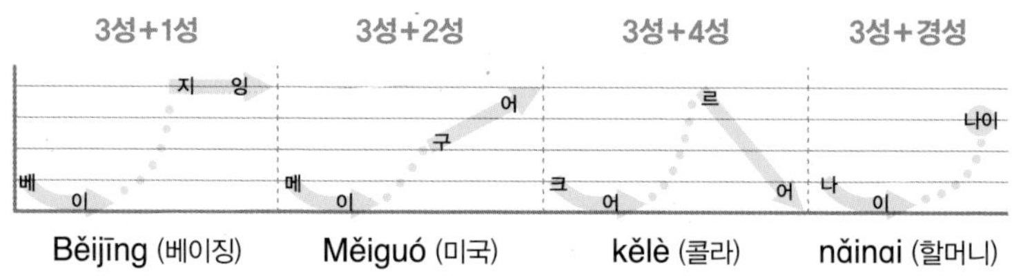

중국어의 성모

'성모'는 우리말의 자음에 해당합니다. 성모만으로는 소리를 낼 수 없으므로, 보통 뒤에 운모를 붙여 소리 냅니다.

b(o)	p(o)	m(o)	f(o)
뽀어	포어	모어	f포어

- o는 '오' 발음에 '어'를 살짝 넣어 소리 냅니다.
- f는 영어의 f처럼 발음하세요.

d(e)	t(e)	n(e)	l(e)
뜨어	트어	느어	르어

- e의 발음은 '에'가 아니고 '으어' 라고 발음합니다.

g(e)	k(e)	h(e)
끄어	크어	흐어

j(i)	q(i)	x(i)
지	치	시

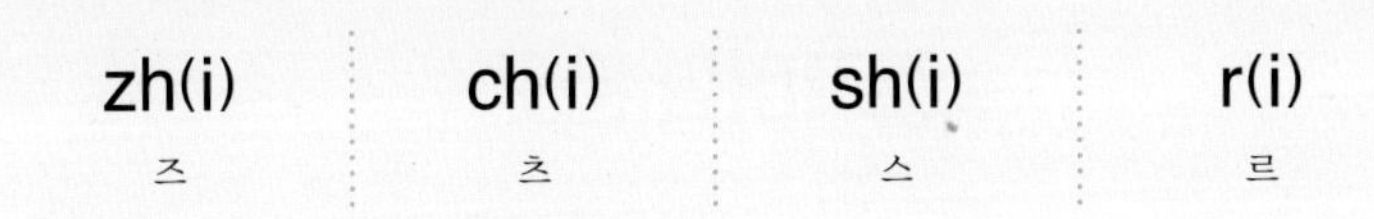

- 영어의 r을 발음하듯 혀끝을 입천장에 댔다가 공기를 내보내면서 '쯔, 츠, 스, 르' 하고 발음합니다.
- 뒤에 오는 i는 '이'가 아니라 '으'로 발음됩니다.

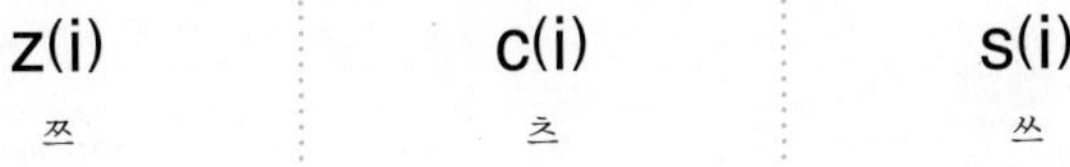

- 혀끝을 윗니 뒤쪽에 대고 가볍게 소리 냅니다.

03 중국어의 운모

00-03

'운모'는 한글의 '모음' 또는 '모음+받침'에 해당합니다. 운모는 a, o, e, i , u, ü 6개가 기본 운모이고, 이 6개가 서로 합쳐지거나 뒤에 -n이나 -ng이 붙은 다양한 운모들이 있습니다.

1 기본 운모

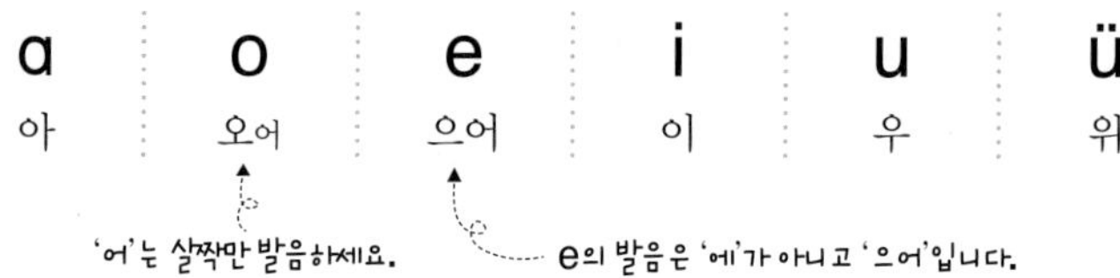

2 복운모

3 비운모

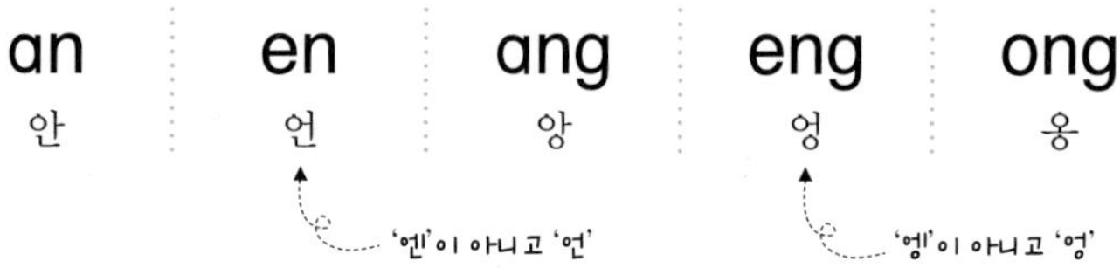

4 권설운모

er
얼

04 주의해야 할 성모와 운모

1 운모 i, u, ü

운모 i, u, ü는 성모 없이 단독으로 쓰일 경우 각각 yi, wu, yu로 고쳐서 표기하고, 성모 없이 뒤의 다른 운모랑 결합했을 때는 아래와 같이 표기합니다.

[i → yi]

ia → ya 야　iou → you 요우　iang → yang 양

ie → ye 예　ian → yan 얜　ing → ying 잉

iao → yao 야오　in → yin 인　iong → yong 용/융

[u → wu]

ua → wa 와　uei → wei 웨이　uang → wang 왕

uo → wo 워　uan → wan 완　ueng → weng 웡

uai → wai 와이　uen → wen 원

[ü → yu]

üe → yue 위에　üan → yuan 위앤　ün → yun 윈

2 a의 발음

a 발음이 각각 다르다는 것에 주의합시다.

an	ian	uan	üan
안	이앤	우안	위앤

3 운모 ü

운모 ü와 결합하는 성모는 n과 l, 두 개뿐이며, 아래 네 개 발음만 있습니다. ü의 발음은 입을 쭉 빼고 '위' 하면 되는데, 우리말의 '위'와 달리 입 모양이 변하지 않는 것에 주의하세요.

nü	nüe	lü	lüe
뉘	뉘에	뤼	뤼에

4 성모 j, q, x와 운모 ü의 결합

성모 j, q, x가 운모 ü와 결합할 때는 위의 '¨' 표시가 떨어지고 u로 표기하지만 발음은 ü로 해야 하니 주의하세요.

ju 쥐	jue 쥐에	juan 쥐앤	jun 쥔
qu 취	que 취에	quan 취앤	qun 췬
xu 쉬	xue 쉬에	xuan 쉬앤	xun 쉰

5 성조 표기

성조는 운모 위에 표기하며, 운모가 두 개 이상이면 성조는 ɑ 〉o=e 〉i=u 〉ü 순서로 표기합니다. 가령 ɑ가 있으면 무조건 ɑ 위에, ɑ가 없고 o나 e가 있으면 o나 e 위에 표기하는 식입니다.(o랑 e는 같이 등장하는 경우가 없습니다) iu나 ui의 경우는 뒤에 있는 운모 위에 표기합니다. i의 성조 표기는 위의 점(·)을 없애고 그 자리에 표기합니다.

예 hǎo duō děi duì diū

중국 정부는 한자 사용의 편리성을 높이고자 기존 한자의 획수를 줄여 '간체자'를 만들었어요. 그래서 중국에서 쓰는 한자는 우리나라에서 쓰는 한자보다 생김새가 간단합니다. '간체자'는 간략해진 한자라는 뜻입니다. 반면 우리나라, 대만, 그리고 홍콩에서는 '번체자'를 사용하고 있습니다.

번체자		간체자

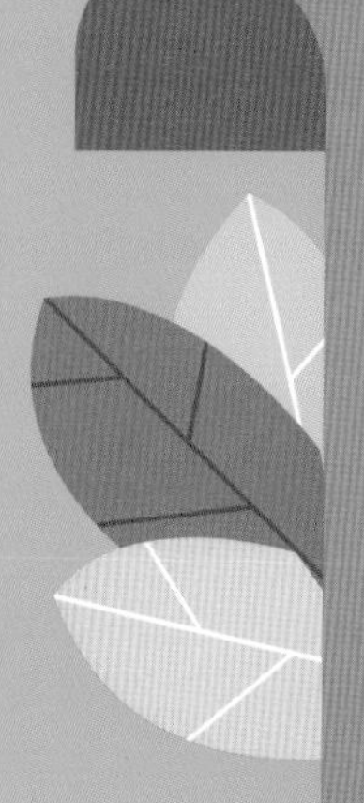

한국어 까막눈 왕심린, 독학 1년 만에 한국어능력시험 6급을 따다

이 책은 중국어를 배우는 책이지만, 본격적인 학습을 시작하기 전에 내가 한국어를 배운 과정과 노하우를 간략히 소개해 보고자 한다. 비록 언어는 다르지만 나는 한국어를 학원이나 개인 과외를 통해 배우지 않고 '한국 드라마'를 보며 '독학'한 케이스이기 때문에, 중국어 학습자라면 중국 드라마로 바꿔 따라 해 볼 수 있기 때문이다. 그리고 내가 한국어를 공부하며 느꼈던 어려움도 반대로 생각하면 중국어를 공부할 때 좋은 참고가 될 것이라 믿는다.

PART 1
심린이의 한국어 분투기

simlin

#심린이의 한국어 분투기 #story 1

〈가을동화〉가 맺어준 한국어 공부

내 인생의 기적은 내가 만들래

어느 날 갑자기 한국어를 배우고 싶어졌다. 나는 당시 중국에서 대학원을 다니고 있던 중이라 학원까지 다닐 돈은 없어서 독학으로 한국어를 시작했다. 시작할 당시 한국어 까막눈이라 ㄱ, ㄴ, ㄷ, ㄹ부터 배우기 시작했는데, 1년 만에 한국어능력시험(TOPIK)의 최고 등급인 6급을 땄고 한국어로 큰 무리 없이 의사소통이 가능해졌다. 이 글은 그 1년간의 학습을 중심으로 작성된 내용이다.(그 후 1년 6개월을 더 공부하여 한국으로 유학을 왔고, 외국인이 할 수 있는 아르바이트를 찾던 중 JTBC 〈비정상회담〉이라는 TV 프로그램에 참여하게 되었다.)

★ 뒤늦은 사춘기, 인생의 고민을 시작하다

내가 한국어 공부를 시작한 것은 2013년 2월이었는데, 그때 나는 막 대학원에 진학해 비교적 한가로운 시간을 보내고 있었다. 중국 대학원은 보통 3년제로, 첫해에는 학부 때와 마찬가지로 수업만 들으면 되어 시간적으로 여유가 있다. 치열한 입학 시험을 통과하고 갑자기 한가해지니 처음에는 마냥 편하고 좋았다. 수업을 듣는 시간 외에 남는 시간에는 게임이나 운동을 하고 아르바이트도 하면서 지냈다. 하지만 한편으로는 이십 대 내 마지막 청춘이 손가락 사이로 빠져나가는 듯한 허무함에 사로잡히기도 했다. 그러면서 뒤늦게 사춘기를 맞이한 소년처럼 인생에 대한 고민이 들기 시작했다.

'앞으로 어떻게 살 것인가?'

★ 나의 미래는 어떤 모습일까?

치열한 중국 석사 입학 시험을 통과했고, 대학원을 무사히 졸업하면 석사가 된다. 취직이 100% 보장된 것은 아니지만, 그래도 일반 학부생들보다는 수월할 것이다. 그런데 그 다음은?

어렴풋이 그려지는 나의 미래는 이랬다. 졸업을 하고, 소개팅을 하고, 결혼해서 아이를 낳고, 직장에 다니며 가족을 부양한다. 직업은 잘 풀리면 공무원이 되어 있으려나?(중국에서 공무원은 안정적인 데다 사회적으로도 존경을 받는 인기 직업이다.) 여기까지가 많은 사람들이 선망하는 이상적인 미래 모습이다.

하지만 나는 그런 미래를 떠올리자 무섭다는 생각이 들었다. 새로움이 없이 매일 똑같은 삶. 매일 야근을 하고, 술을 마시고, 한밤중에 집에 돌아와 자고 있는 자식 얼굴 한 번 들여다보고 술 냄새를 풍기며 그대로 잠드는 모습이 십 년 안에 맞닥뜨릴 나의 모습이라니! 나는 아직 젊기에 하루하루를 도전으로 채우고 싶었고, 시야를 넓혀 더 다양한 세상을 보고 싶었다. 적어도 내 인생의 한은 내가 스스로 풀고 싶지, 나중에 자식한테 내 인생의 기적을 바라고 싶지는 않았다.

★ 외국어 하나를 제대로 배워보자

무엇을 배우면 시야를 제일 넓힐 수 있을까? 그때 딱 떠오른 것이 '외국어'였다. 언어를 배운다는 것은 단순히 표현을 배우는 것이 아니라, 그 언어 안에 담긴 생각을 배우는 것이다. 그래서 외국어 하나를 제대로 배워 다른 나라 사람들의 생각을 배우고, 그것을 통해 내 시야를 넓히자고 결심했다.

많은 언어 중에 한국어를 선택한 이유

외국어를 공부하기로 결심한 후, 첫 번째 고민은 어떤 언어를 배울지 결정하는 것이었다. 별자리가 천칭자리인 나는 정말 심각하게 고민에 빠졌다. 그도 그럴 것이 천칭자리는 '조화와 중재의 별자리'이자, '결정장애와 우유부단함의 대명사'가 아닌가!(참고로 한국 사람들이 혈액형에 따른 성격 분류를 믿듯이, 중국 사람들은 별자리에 따른 성격 분류를 잘 믿는다.)

일단 배울 언어를 결정하면 나중에 그 언어권에 가서 적어도 10년은 살 계획을 세워 두었기에 오랫동안 고민을 했다. 그때 고민하던 언어 리스트에는 '영어, 러시아어, 한국어, 그리고 태국어'가 있었다.

★ 만국공용어 '영어'를 배워볼까?

맨 처음 고민했던 언어는 '영어'인데, 빛의 속도로 탈락했다. 우선 영어는 자유자재로 프리토킹이 되는 수준은 아니지만, 20년 넘게 공부해 왔기 때문에 기초는 되어 있다고 판단했다. 그리고 마음 한편에는 내가 많은 돈을 들여 영어를 공부해서 미국이나 영국에 가기보다는, 내 분야에서 열심히 실력을 쌓아 아시아에서 성공해서 내 능력을 서구의 나라들에게 보여 주겠다는 당찬 포부도 있었다.

★ '러시아어'가 괜찮을까?

그 다음으로 고민한 언어는 '러시아어'였다. 러시아는 중국과 오랫동안 우호 관계를 맺어 온 나라이고, 국제적인 영향력도 큰 나라여서 중국인인 내가 러시아어를 배우는 것은 누가 봐도 괜찮은 선택이었다. 하지만 딱 한 가지 이유로 러시아어도 바로 포기했다. 그 이유는 바로 내가 관심이 없다는 것이었다.

나는 모든 공부는 마음으로부터 시작해야 한다고 믿는다. 그래야만 매일매일 기꺼이 목표를 향해 나아갈 수 있는 진정한 공부가 된다고 생각한다. 아무리 좋아 보여도 본인이 관심이 없다면 나아가기 힘들다. 외부적인 조건이 좋아 보여서 억지로 하는 공부는 캄캄한 밤에 홀로 산길을 헤매는 것처럼 무서운 일이다. 빨리 빛을 찾고 싶어 하지만 영원히 못 찾는 것이 억지로 하는 공부의 운명이다. 그래서 난 러시아어를 포기했다.

★ '태국어'는 어떨까?

영어와 러시아어를 리스트에서 빼고 나니 '한국어'와 '태국어'가 남았다. 그중 태국어를 공부하고 싶었던 이유를 생각해 보니 나중에 어머니와 함께 태국 여행을 가고 싶었던 게 다였다. 그런데 다시 생각해 보니 단순히 여행이 목적이라면 굳이 태국어를 공부하지 않아도 영어만으로도 충분할 것 같았다. 그래서 태국어도 미련 없이 포기했다.

★ 초등학생 왕심린을 웃고 울린 〈가을동화〉

이렇게 해서 최종적으로 리스트에 남은 언어가 바로 한국어였다. 그런데 사실 내가 한국어를 선택하게 된 것은 어찌 보면 당연한 결과였다. 나는 한국어를 배운 적은 없지만 어려서부터 '한국'이라는 나라에는 관심이 많았으니까.

©PAN Total Entertainment

내가 한국에 대해 관심을 가지게 된 것은 〈가을동화〉라는 한 편의 드라마 때문이다. 내가 초등학교에 다닐 때 중국 TV에서 송승헌, 송혜교 주연의 〈가을동화〉(중국에서는 '남색생사연(蓝色生死恋)'이란 제목으로 방영되었다.)가 방영되어 엄청난 인기를 끌었다. 당시 나는 사랑이 뭔지도 모르는 나이였지만, 드라마를 보며 주인공들과 같이 웃고 울고 했던 기억이 난다. 그리고 그때 이후로 나는 한국 드라마의 열혈 시청자가 되었다.

저마다 스트레스를 푸는 방법이 다양하게 있을 텐데, 내 경우에는 한국 드라마를 보면 피로가 확 풀렸다. 하루 일과를 마치고 집에 돌아와 자기 전에 한국 드라마를 보는 것이 나에게는 삶의 큰 기쁨이었다. 물론 중국어 자막으로 본 것이어서 한국어는 전혀 몰랐지만 한국 문화나 한국인의 정서에 대해서는 어느 정도 익숙한 면이 있었다. 따라서 한국어를 배우는 것은 힘든 공부가 아니라 아주 재미있는 취미가 될 수 있을 것 같았다.

★ 천칭자리의 최종 선택은 '한국어'

방송에서도 말한 적이 있는데, 나에게 최고의 자장가는 바로 '영어 듣기'이다. 어려서부터 영어 공부를 위해 아침마다 영어 듣기를 했는데 얼마나 지루했는지 모른다.

"Ding Ding Ding! Part 1. Listen carefully and answer the following question ~"

여기까지 듣고 다시 잠든 날이 얼마나 많은지 셀래야 셀 수가 없다.

반면 한국어를 공부하는 건 정말 쉬웠다. 듣기 연습책이나 영상을 따로 구할 필요도 없이 원래 자기 전에 보던 드라마를 그냥 계속 보면 되니 말이다. 그러고 보면 한국어는 그야말로 나를 위해 준비된 언어가 아닐 수 없었다. 그래서 천칭자리의 최종 선택은 한국어가 되었다.

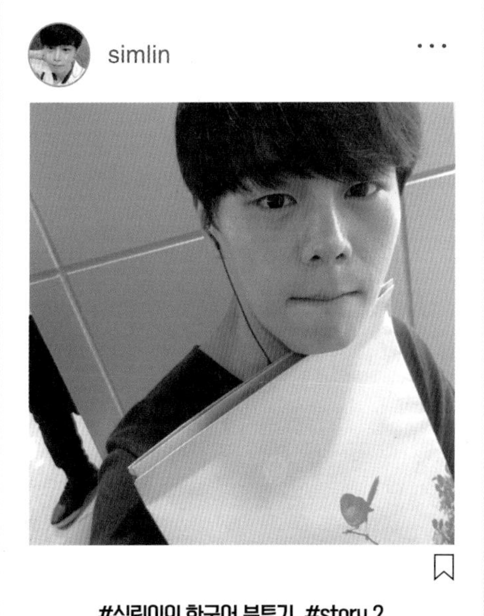

#심린이의 한국어 분투기 #story 2

한국어 독학을 시작하다

한국어 독학의 첫 난관 '발음'

언어를 결정하고 나니 당장 '학원비'라는 현실적인 고민에 부딪쳤다. 평소 내 신조는 공부를 하려면 투자도 필요하다는 것이다. 하지만 나는 당시 24살이었는데, 대학원 학비를 부모님이 내 주시고 있는 상황이라 학원비까지 부탁드리기는 너무 면목이 없었다. 이미 동창 중에는 결혼해서 아이까지 낳은 친구들도 있었으니 말이다.(참고로 중국은 한국보다 결혼 연령이 빠른 편이다.)

★ 한국어 독학을 결심하다

고민 끝에 나는 한국어를 독학하기로 결심했다. 투자할 '돈'이 없으니 대신 나의 '시간과 땀'을 투자하겠다는 각오와 함께. 그리고 나서 바로 대학원 옆에 있는 중고 서점을 가서 「같이 배우는 조선말」이라는 중고 서적을 한국 돈 1,000원 정도에 샀다. 지금 돌이켜보면 그 책은 솔직히 너무 후지고 잘못 인쇄된 것들도 굉장히 많았다.

★ '어떻게'랑 '오떻게'랑 뭐가 달라?

외국어를 배울 때, 특히나 독학할 때 첫 번째 시련은 다름 아닌 '발음'이다. 기왕이면 정확한 발음을 익히고 싶지만, 소리 자체가 낯설기 때문에 초급자의 경우 자신이 맞게 발음했는지 틀리게 발음했는지 알기가 어렵다. 특히 자신의 모국어에 없는 발음은 구별해 내기가 힘든데, 모국어에 없는 발음들에 귀가 익숙해지려면 정말 긴 시간이 필요하다.

나도 한국어를 독학하다 보니 우선 단어를 어떻게 읽는지 모르겠고, 읽었다 해도 맞게 발음한 건지 교정해 줄 사람이 없어 막막했다. 중국인 입장에서 가장 구별이 어려운 한국어 발음은 /ㅓ/와 /ㅗ/ 발음이다. 도대체 '어떻게'랑 '오떻게'랑 뭐가 달라? '서식'이랑 '소식'이 다른 말이라고? 한국어에 상당히 익숙해진 지금도 나에게 '오전'과 '어전'은 똑같이 들린다.

들어서는 구분이 안 되어, 나는 두 발음을 말하는 사람의 입 모양을 보고 구분하는데, /ㅗ/ 발음이 /ㅓ/ 발음보다 입이 더 동그랗다. 드라마에서 '오빠'란 단어를 발음할 때 배우들이 입을 동그랗게 하는 걸 보고 알아낸 방법이다. 그래서 난 지금도 /ㅗ/ 발음을 할 때면 '오빠'란 단어를 떠올린다. 여러분도 중국어를 공부할 때 어려운 발음이 있다면 말하는 사람의 입 모양을 자세히 관찰해 보라고 추천하고 싶다.

★ '받침' 이 없는 중국어 VS. '받침' 이 있는 한국어

중국인이 한국어를 배울 때 힘든 또 한 가지는 '받침'이다. 사실 중국어 발음은 '좌우'만 있고 '상하'가 없다. 즉, 중국어에는 '받침'이 없다. 가령 영어의 cup을 한국어에서는 [컵]이라고 발음하지만, 받침이 없는 중국어에서는 [커프]처럼 발음한다. 그래서 중국인들에게는 한국어의 '받침'이란 개념 자체가 너무 힘들다. 태어나서 지금까지 좌우만 신경써 왔는데, 이제 상하도 신경을 써야 한다니!

중국어 공부할 때는 반대로 이 점을 알아두면 유용하다. 중국어를 말할 때 받침이 있는 듯 말하면 중국인들은 잘 못 알아듣는다.

★ 발음 교정은 마라톤, 비틀거려도 일단 앞으로 나가는 게 중요

나는 한국어를 독학하며 발음을 교정해 줄 선생님이 없어서 발음에 더 집착을 했던 것 같다. 그래서 단어들을 인터넷에서 찾아서 듣고 따라하기를 수천 번 반복했다. 어떻게 해야 정확하게 발음할 수 있는지 알고 싶어서 밥을 먹을 때도, 잠을 잘 때도 계속 고민을 했다. 심지어 꿈에서도 발음이 제대로 되는지 확인하려다 깜짝 놀라 깬 적도 있다. 하지만 그 시절의 나에게 말을 전할 수 있다면 나는 이런 말을 해주고 싶다.

"심린아, 처음부터 발음에 너무 집착할 필요는 없어."

처음부터 발음에 너무 집착할 필요가 없는 이유는 한 언어의 발음을 제대로 하려면 일단 그 언어에 굉장히 익숙해져야 하기 때문이다. 사실 처음에는 누구에게 배우든, 어떤 교재로 공부하든 발음을 제대로 할 수가 없다.

발음을 고치는 것은 앞으로 긴 시간 동안 해야 하는 마라톤이다. 조금 비틀거려도 일단 앞으로 나아가는 것이 더 중요하다. 이제 막 시작했는데 처음부터 너무 무리하다 발음 때문에 시작 단계에서 지쳐서 포기하는 실수는 없어야겠다. 왜냐하면 그 다음에 나올 것들이 더 재미있고 좋으니까 말이다.

게임을 해 본 사람은 알 텐데, 게임을 할 때도 입문하고 나서 첫 미션이 제일 어렵다. 그런데 잘하고 싶은 욕심에 계속 첫 미션만 시도하다가 잘 안되면 이 게임은 재미없다고 생각하고 포기하게 된다. 하지만 알고 보면 첫 미션보다 뒤에 나오는 미션들이 더 재미있다. 그런데 초반에 포기하면 이 재미를 모르고 게임 탓만 하게 된다.

★ 왕초보가 처음부터 중국인처럼 발음할 수는 없어

중국어 공부도 마찬가지이다. 중국어는 성조 때문에 배우기 어렵다는 말을 주변의 한국인 친구들한테 많이 들었다. 그때마다 내가 하는 말이 '중국어를 아직 단어 몇 개밖에 알지 못하는데 왜 중국인과 똑같이 발음해야 한다고 생각하느냐'는 것이다. 처음에는 성조나 발음에 너무 집착하지 말고, 일단 중국어 소리를 귀에 익히는 연습을 많이 해라. 그렇게 중국어를 많이 들으면서 1성부터 4성까지 중국인이 말할 때 미묘한 발음 차이를 느끼는 것이 중요하다. 천천히, 그러나 꾸준히 말이다.

우리는 자신의 모국어를 최소 10년 넘게 해 왔기 때문에 발음할 때 혀의 동작까지도 모국어에 맞춰 굳어져 있다. 따라서 외국어를 배울 때는 귀가 해당 언어에 어느 정도 익숙해지지 않는 이상 혀가 제대로 움직이지 못한다. 따라서 어떤 언어를 배우든 시작하자마자 바로 원어민처럼 말하려는 것은 지나친 욕심이다. 그러므로 발음이 중요하고 연습도 많이 해야 하는 건 맞지만, 처음부터 지나치게 집착할 필요는 없다.

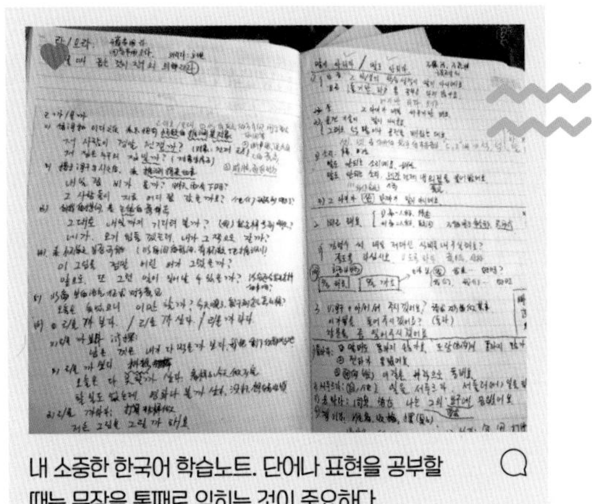

내 소중한 한국어 학습노트. 단어나 표현을 공부할 때는 문장을 통째로 익히는 것이 중요하다.

세상에 이런 일이! 한국어의 어순 쇼크!

첫 번째 시련인 '발음'은 어떤 외국어를 공부하든 당연히 넘어야 하는 고비니까 어느 정도 예측할 수 있었다. 하지만 한국어 공부의 두 번째 시련은 정말 태어나서 한 번도 상상조차 해 본 적이 없는 것이었는데, 바로 '어순'이다.

★ 세상에 이런 어순이 있다니!

나는 태어나 보니 중국인이어서 중국어를 모국어로 배웠다. 그리고 학교에 가서 처음 배운 외국어는 영어였는데, 공교롭게도 이 두 언어는 어순이 같다. 그래서 세상에 많은 언어가 존재한다는 사실은 알고 있었지만, 한국어를 공부하기 전에는 외국어의 어순이 중국어와 다를 거라는 생각을 한 번도 해 본 적이 없었다.

그래서 한국어 문법을 처음 접했을 때 그야말로 완전 멘붕이었다. 아니 '밥을 먹다'라면 당연히 '먹다'란 동사 吃 chī가 먼저 나오고 뒤에

‘밥’인 饭 fàn이 와야지, 한국어는 왜 ‘밥’이 먼저 나오냐고요?! 또 내가 십 년 넘게 한국 드라마에서 들어온 ‘사랑해’의 배신은 어떠한가? ‘사랑해’는 ‘워 아이 니(我爱你。 Wǒ ài nǐ.)’인줄 알았는데, 사실은 그냥 爱의 뜻뿐이라니! 그런데 이 말이 중국어로는 我你爱! 당최 이게 무슨 말이여? 멘붕!!!

★ 어순이 다르다는 것은 생각하는 순서도 다르다는 의미

어순이 다른 건 그냥 ‘어순이 다르구나’ 하고 간단히 넘어갈 수 있는 차원의 문제가 아니다. 언어는 생각의 표현이므로, 어순이 다르다는 것은 생각하는 순서도 다르다는 의미이다. 가령 아래 중국어 문장을 한번 살펴보자.

老师让我告诉你以后别迟到。
Lǎoshī ràng wǒ gàosu nǐ yǐhòu bié chídào.
선생님/시키다/나에게/알려주다/너에게/앞으로/하지 마/지각(하다)

중국어의 어순은 일이 전개되는 순서대로이다. 선생님이 나에게 얘기를 하라고 했는데, 무슨 얘기냐 하면 너랑 상관있는 얘기야, 너 지각하지 마. 그래서 우리 중국인들은 생각할 때도 일의 전개 순서대로 생각을 한다. 그런데 한국어 문장은 아래와 같다.

선생님이 (나에게) 너 앞으로 지각하지 말(라고 전달하)래.

"선생님이 나에게 너"… 이미 말을 절반이나 했고, 사람도 '선생님', '나', '너' 세 명이나 등장했는데 아직도 뭘 해야 하는지 본론이 안 나왔다. 제일 중요한 얘기가 뒷부분에 나오다니!

한국어를 공부할 때 이 단계가 진짜 적응하기 어려웠다. 모든 중국어 어순을 포기하고, 말을 하기 전에 단어의 순서를 잘 정리한 후 조사까지 넣어야 했으니까 말이다. 스무 해 넘게 살아온 성인인 내가 말을 하기 전에 단어 순서부터 정리해야 한다니. 갑자기 어린아이가 되어버린 기분이었다.

★ 언어는 결국 습관, 그냥 다 외워!

그럼 이 단계를 어떻게 극복했을까? 해답은 별로 새롭지 않다. 그냥 외웠다. 한국어의 어순에 익숙해질 때까지 일단 책에 나온 모든 말을 하나도 빠짐없이 외웠다. 그런데 그렇게 글을 외우다 보니 신기하게도 어느 날 갑자기 한국어의 어순에 적응이 되어 하나도 망설임 없이 말을 하게 되었다.

사실 모국어를 말할 때는 말하기 전에 어순을 생각하며 말하지 않는다. 그냥 순간순간 떠오르는 생각들을 말한다. 가령 영어를 말할 때는 '보다'라고 하려면 외국인인 우리는 look at을 써야 하는지, 아니면 look on이나 look in을 써야 하는지 헷갈리고, 주어가 He/She라면 looks 하고 -s를 붙여야 되고 고민할 것이 엄청 많다. 하지만 미국 사람이 말할 때 이런 걸 그때그때 고민하면서 말할까? 당연히 아니다. 그냥 습관이다. 습관으로 몸에 배어 있으면 자연스레 말을 하게 된다. 그게 바로 언어이다.

내가 속한 연구실에 외국에서 태어나 어린 시절을 다 외국에서 보낸 한국인 선배가 있는데, 영어와 한국어 모두 원어민 수준으로 완벽하다. 그래서 영어로 논문을 쓸 때면 다들 그 선배한테 표현을 물어본다.

"○○야, 이것 좀 들어봐. This paper focuses on a intelligent control system.이라고 해야 돼, 아니면 This paper focuses on the intelligent control system.이라고 해야 돼?"

"a."

그러면 질문한 사람이 다시 한 번 더 물어본다.

"왜? 내가 설계한 시스템인데 왜 the 안 써?"

그러면 영어가 원어민 수준인 그 선배가 하는 말,

"그냥 습관이야. 여기에 the 쓰면 odd(이상해)."

옆에서 이걸 보면서도 생각했다.

'역시 언어는 그냥 습관이구나.'

영어나 중국어의 어순이 한국어와 다르지만, 굳이 머릿속으로 어순을 정리해서 말하려고 하지 말고 일단 문장을 외워라. 어느 정도의 양이 머릿속에 저장이 되면 자연스레 그 언어에 적응해 말이 나오게 된다.

★ 중국어는 문법이 정말 쉬운 언어

영어와 한국어를 배우고 나서 깨닫게 된 것은 나의 모국어인 중국어가 문법적으로 매우 쉬운 언어라는 사실이다. 왜냐고? 일단 영어와 비교하면 영어는 동사마다 현재형, 과거형, 미래형의 시제 변화가 있지만 중국어는 그런 거 없다. 또 한국어는 '좋아해, 좋아했다, 좋아했었다, 좋아할 거다'처럼 시제에 따라 동사가 바뀔 뿐만 아니라 주어

비정상회담 촬영 전 대기실에서
독일 대표 닉과 함께.

뒤에 '는/은/이/가'와 같은 조사를 붙여야 하고, 행동의 대상에는 '을/를'도 붙여야 한다. 그런데 중국어에는 그런 동사 변화나 조사 같은 개념이 없다. 시제 개념은 그냥 昨天zuótiān, 今天jīntiān, 明天míngtiān처럼 단어로 표현하면 된다.

물론 중국어가 성조, 발음, 한자 면에서는 공부하기 어려운 면이 있지만, 문법적으로 진짜 쉬운 언어이다. 그래서 한국어를 배울 때 여러 가지 새로운 개념을 경험하게 됐다. 한마디로 정리하자면 한국어 문법은 '정말' 어렵다.(중국어를 공부하는 분들에게 위로가 될 것 같다.^^)

#심린이의 한국어 분투기 #story 3

하루 100단어 암기에 도전하다

단어 암기는 '속도전'이다

내가 좋아하는 tvN 드라마 〈응답하라 1988〉에 극 중 덕선의 언니인 보라가 덕선의 친구들에게 과외를 해 주는 장면이 있는데, 이런 대사가 나온다.

"얘들아, 영어는 암기야. 그냥 외워."

ⓒtvN

정말이지 듣자마자 너무 공감이 돼서 그 대사가 단번에 외워졌다.(참고로 나는 〈응답하라 1988〉을 6~7번 정도 봤다.) 나는 영어뿐만 아니라 모든 외국어가 그렇다고 생각한다. 외국어를 배우는데 단어를 안 외워도 된다는 말은 내 생각에는 완전 거짓말이다. 외우지 않아도 되는 외국어 공부는 없다. 외국어를 잘하려면 첫째도 암기, 둘째도 암기,

무조건 암기! 암기만이 살길이다.

★ 단어 암기는 '속도전'이다

여러분이 어떤 언어에 있어 '왕초보' 수준이라면, 기본적으로 알고 있는 단어 수가 매우 적을 것이다. 따라서 우리는 아이가 처음 단어를 배우듯, '크다, 작다, 많다, 적다'나 '눈, 코, 입'과 같은 아주 기초적인 단어들도 모두 다 배워야 한다.

그렇다면 단어는 하루에 몇 개씩 공부해야 할까? 하루 5개씩, 10개씩이라도 꾸준히 하는 게 중요하다는 분들도 있다. 하지만 나는 단어 암기는 '속도'가 중요하다고 생각한다. 내가 추천하는 하루 단어 암기량은 100개이다. 처음 시작할 때는 단어를 하루에 100개씩 외우고, 그러다 100개씩 외우는 데 익숙해지면 그때부터는 하루 암기량을 200개씩으로 올린다. 그렇게 하루하루 자신이 기억할 수 있는 단어 암기량을 최대치로 올려 최대한 빨리 진도를 나가는 것이 단어 공부의 핵심이다.

★ 100단어든, 10단어든 어차피 다 까먹는다

하루에 100~200단어씩 외우면 다 까먹을 테니 너무 무리라고 생각할 분들도 있을 것이다. 그래서 대신 하루에 10개씩 천천히 제대로 외우는 방법을 선택하겠다고 말이다.

하지만 내 생각은 다르다. 우선 배운 걸 잊어버리는 것은 사람의 피할 수 없는 본능이고, 천재가 아닌 이상 잊어버리는 것이 당연하다. 아니 오히려 잊어야 사람이다. 그런데 하루에 100단어를 외우든, 10단어를 외우든 어차피 다 까먹는다.

그럼 다 까먹으면 어떻게 공부를 하냐고? 여기서 중요한 게 바로 '반복'이다. 나는 학습에 있어 중요한 것은 '반복'의 횟수라고 생각한다. 하루에 100단어를 외워도 다음 날이면 아마 반도 기억이 안 날 것이다. 3일째가 되고, 4일째가 되면 '내가 이 단어를 외웠었어?' 하는 수준으로 새까맣게 기억이 안 날 수도 있다. 하지만 괜찮다. 반복하면 된다.

★ 단어 암기, '성취감'을 느껴야 성공할 수 있다

내가 하루 100단어라는 단어 암기 속도를 강조하는 데에는 '성취감'이라는 이유도 있다.

단어 공부는 진도가 나가야 성취감과 함께
더 공부하고 싶은 마음이 생긴다.

보통 외국어 공부를 처음 시작할 때 두꺼운 단어장을 한 권 산다. 그런데 나중에 보면 단어장 앞쪽만 시커먼 사람들이 정말 많다. 사람들이 단어장을 끝까지 공부하지 못하는 이유는 성취감이 없어서이다. 하루에 몇 단어씩 천천히 외우면 시간이 지나도 진도가 안 나가고, 그러다 보면 '언제 이 책을 다 할까' 하는 생각이 들어 포기하게 되는 것이다.

반면 빨리 진도를 나가면 공부하지 않은 부분의 두께가 점차 얇아지면서 성취감을 느끼게 된다. 게다가 그만큼 아는 단어도 빨리 늘어나서 드라마를 볼 때 갑자기 전에는 안 들리던 단어가 들리고, 알아듣는 부분이 많아져 정말 기분이 좋아진다. 이것이 바로 '성취감'인데, 외국어 공부에 있어서 성취감은 정말 중요하다. 그러니 단어를 외울 때는 '속도'를 잊지 말자.

단어 암기의 구체적인 방법

다시 한 번 정리하자면, 단어 공부는 진도를 빨리 나가야 성취감과 함께 더 공부하고 싶은 마음이 생긴다. 단어장 한 권을 오래 붙잡고 있어 봤자 공부 의욕만 꺾일 뿐이다. 그보다는 책 한 권을 빨리 떼고, 다 기억하지 못하면 2번, 3번 반복하는 것이 더 오래 기억할 수 있고, 성취감도 느낄 수 있는 방법이다.

그런데 2번, 3번 반복할 때 무조건 처음부터 다시 외우는 게 아니라 요령이 있다.

★ 암기한 단어는 3가지로 분류

나는 한국어 단어를 공부할 때 일주일 주기로 단어 암기를 반복했다. 월요일에 100단어를 외우고, 화요일에는 월요일에 공부한 100단어를 다 기억하느냐 못 하느냐에 상관없이 또 100단어를 외우는 식으로 일요일까지 공부하면 총 700단어를 익히게 된다. 그리고 나서 일요일 밤에는 이번 주에 공부한 모든 단어를 복습했다.

이때 이번 주에 공부한 700개 단어를 보면서 '기억하는 단어', '가물가물한 단어', '전혀 기억나지 않는 단어' 이렇게 3가지로 분류했다. 이 중 '기억하는 단어'는 내 것이 된 것이니까 공부가 된 것이고, '전혀 기억나지 않는 단어'는 다음 일주일 동안 익힐 단어에 넣는다. 가장 중요한 것은 '가물가물한 단어'의 처리이다. '가물가물한 단어'가 '기억하는 단어' 쪽으로 가야 선순환 구조가 되는데, 혹여 '전혀 기억나지 않는 단어' 쪽으로 가면 망하는 거다.

그래서 나는 '가물가물한 단어'는 포스트잇 등에 적어 집에 잘 보이는 곳에 붙여 놓고 오며가며 자주 쳐다보면서 익혔다. 단어를 붙이는 장소는 일부러 들여다보지 않아도 자주 보게 되는 곳이 좋은데, 예를 들어 현관문에 붙여 놓고 신발 신을 때마다 보면서 기억을 되새기면 좋다.

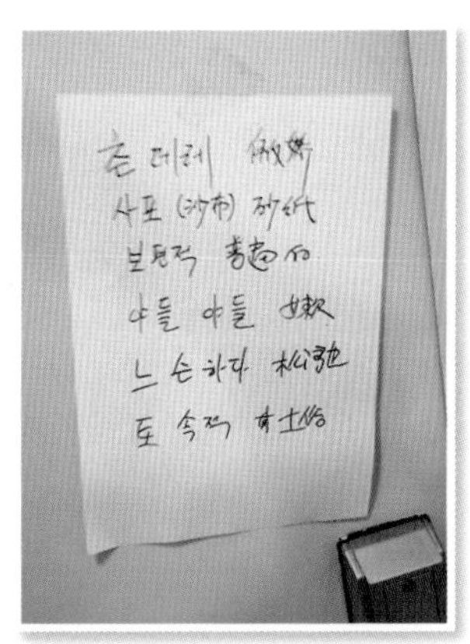

단어들을 현관문에 붙여놓으면 신발 신을 때마다 공부할 수 있어 좋다.

★ 단어는 통문장으로 익히자

단어를 익힐 때는 단어만 외우지 말고 문장으로 익혀야 활용하기 좋다. 이때 문장은 가급적이면 딱딱한 교재 문장 말고 일상생활에서 많이 쓰이는 재미있는 문장이면 좋다.

예를 들어 최근 내가 외운 표현은 '얼탱이 없다'란 표현인데, 〈역도 요정 김복주〉라는 드라마에서 배웠다. 가령 나는 이 단어를 익힐 때 그냥 한 구절을 다 적어 놓고 외웠다.

"얼탱이가 없네. 너 나 놀리냐?"

이렇게 단어를 드라마 대사로 익히면 단어를 볼 때마다 그 단어가 나왔던 장면이 떠올라 더 재미있게 외워져서 좋다.

★ 단어 암기는 자투리 시간을 활용하자

그렇다면 단어 공부는 언제 하면 좋을까? 오전? 오후? 자기 전? 아니면 하루 2시간씩 시간을 따로 내서 공부를 하는 것이 좋을까?

내 대답은 '아니오'이다. 단어는 특정 시간을 내서 공부하는 것보다 생활 속의 자투리 시간을 활용해서 외우는 것이 더 효율적이다. 가령 나는 아침에 양치질을 할 때 단어를 적은 작은 종이를 보면서 한다. 그리고 점심 먹을 때 다시 단어를 적은 종이를 꺼내서 외운다. 집에 돌아와 세수를 하면서도 외우고, 자기 전에 팩을 하면서도 외운다. 이렇게 자투리 시간을 활용하면 시간을 내기도 쉽고, 반복이 되어서 기억도 더 오래 간다.

simlin

#심린이의 한국어 분투기 #story 4

한드로 1년 만에 한국어 프리토킹이 가능해지다

왕심린식 7번 보기 드라마 학습법

©HB Entertainment

나는 한국어를 독학해서 1년 만에 한국어로 프리토킹을 할 수 있게 되었는데, 이처럼 짧은 기간에 한국어를 잘할 수 있게 된 것은 순전히 '한국 드라마' 덕분이었다. 내가 가장 열심히 공부한 드라마는 SBS 드라마 〈별에서 온 그대〉이다. 그러니까 나는 학원 강사가 아니라, 도민준, 천송이를 나의 한국어 선생님으로 모신 셈이다.

드라마는 일단 내용이 재미있고 대화로 이루어져 있어, 잘만 활용하면 어학 공부를 하는 데 그야말로 최적의 자료이다. 하지만 제대로 공부하지 않으면 처음 생각과는 달리 그저 드라마만 재미있게 보고 끝나는 경우도 많으니 주의해야 한다.

★ 7번 보기 드라마 학습법

다음은 내가 드라마로 한국어를 공부한 학습법을 정리한 내용이다. 드라마 학습법의 핵심은 한 드라마를 최소 7번 정도 반복해서 보면서 거기 나오는 표현을 모두 내 것으로 만드는 것이다.

- **1번 보기: 자막과 함께 편안하게 시청**

일단 처음에는 자막과 함께 드라마를 한 번 본다. 처음 보는 드라마의 경우 어차피 스토리를 따라 가기도 정신이 없기 때문에 공부는 힘들다. 따라서 이때는 아무 부담 없이 그냥 내용만 본다.

- **2번 보기: 자막 없이 멈추지 않고 전체 시청**

두 번째에는 자막 없이 전체 드라마를 다시 한 번 본다. 자막이 없어지면 절반 이상 못 알아들을 수도 있지만, 너무 긴장하지 말고 그냥 본다. 이때는 중간중간 멈추지 않고 진도를 유지하는 것이 관건이다. 이 단계는 해당 외국어를 귀에 익히는 과정이다.

- **3번 보기: 자막 없이 한 문장씩 공부하며 진행**

세 번째는 두 번째랑 똑같이 자막 없이 보는데, 여기서부터는 천천히 보기 시작한다. 드라마 대사를 한 문장씩 천천히 듣고, 못 알아들으면 바로 중지하고 다시 듣는다. 여러 번 들어보고 그래도 못 알아듣겠으면 자막이나 스크립트를 확인하고 다시 듣는다. 다시 들어 알아들을 수 있게 되면, 그 문장을 종이에 적어 자기 전이나 단어를 공부할 때 같이 공부한다.

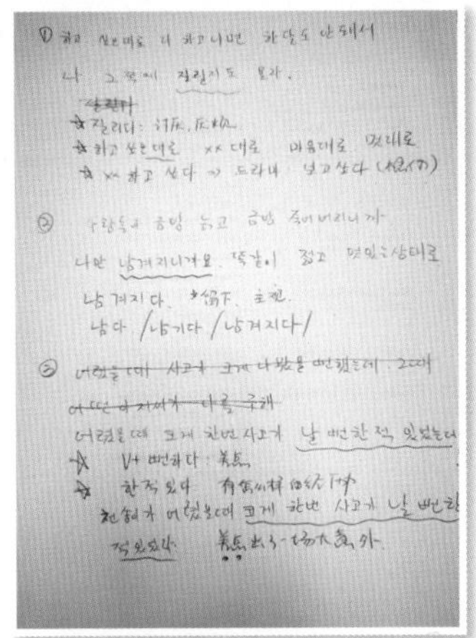

노트에 정리한 〈별에서 온 그대〉 대사

이 세 번째 단계가 제일 지루하다. 이제 더 이상 재미있는 드라마가 아니고 교재처럼 느껴진다. 외래어나 전문용어, 유행어가 많이 나오면 이틀 동안 드라마의 10분 분량도 진도를 못 나갈 수도 있다. 하지만 이 단계를 절대 포기하면 안 된다. 왜냐하면 이 단계가 가장 유익하고 진정한 공부이기 때문이다.

드라마 한 편이 총 16회로 되어 있다고 치면, 이 세 번째 단계에서 1~2개월이 걸릴 수도 있다. 이 단계에서 너무 진도가 안 나간다면 그 동안의 공부나 단어 실력이 부족했다는 의미이므로 스스로 반성해야 한다.

• 4번 보기: 못 알아듣는 부분을 체크하며 듣기

네 번째는 세 번째랑 거의 똑같다. 세 번째 과정에서 아무리 꼼꼼히 찾아가며 공부했어도 아직까지는 못 알아듣는 부분이 여전히 있을 것이다. 하지만 네 번째 단계에 들어서면 세 번째 들을 때보다 갑자기 많은 것을 알아듣게 되어 큰 성취감을 느끼게 된다.

• 5번 보기: 드라마 보며 따라 말하기

다섯 번째는 말하기 속도를 훈련하는 단계로, 드라마를 보면서 최대한 자신의 입으로 따라 말하도록 한다. 드라마에서 지나치게 빠른 장면을 빼고 일반적으로 자신이 할 수 있는 것은 전부 중얼중얼 따라 말해 보자. 원래 남의 말을 들으면서 자신의 입까지 같이 움직이면 기억력이 좋아져서 내용을 잘 기억할 수 있다고 한다.

이 단계를 진행하다 보면 주변 사람들이 당신을 이상한 눈(?)으로 바라볼 수도 있으니 주의가 필요하다. 중국에 있을 때 집에서 드라마 대사를 하루 종일 중얼거리고 있는데, 어느 날은 어머니가 매우 진지한 얼굴로 말씀하셨다.

"너 스트레스를 너무 받아서 정신에 약간 문제가 생긴 거 아니니? 집에 혼자 있지 말고 나가서 친구도 좀 만나고 그래. 뭘 매일 혼자 중얼거려 무섭게."

그런데 이 무서운(?) 단계에서부터 말문이 터져서 입에서 술술 한국어가 나오기 시작했다. 심지어 어떤 표현은 한국말이 먼저 나왔다.

• 6번+7번 보기: 드라마를 보지 않고 듣기

여섯 번째와 일곱 번째는 더 이상 드라마를 보지는 않고 듣기만 한다. 밥을 먹을 때, 세수할 때, 샤워할 때 그냥 드라마를 틀어놓고 듣는 것이다. 지금까지 다섯 번 공부를 한 공으로 이제 보지 않고도 알아듣고, 대사만 들어도 드라마 장면이 눈앞에 떠오르게 된다.

나는 이런 식으로 당시 〈별에서 온 그대〉를 7번 봤는데, 전지현 누나가 연기를 하면 내가 바로 대사가 뭔지 알고, 전지현 누나보다 더 빨리 말할 수 있는 경지(?)에 이르렀다.

7번 듣기를 마친 이후에도 자신이 원하는 만큼, 부족하다고 생각되는 만큼 더 반복하면 좋다.

★ 다른 작품은 또 다른 시작

이렇게 하나의 드라마를 공부하고 나면 다시 다른 작품으로 공부를 시작하는데, 이때 또 다시 어려움을 겪게 된다. 7번 듣기 덕분에 이전 드라마는 다 알아들었지만, 새로운 드라마를 시작하면 다시 상당 부분을 못 알아듣고 모르는 단어들도 많을 것이다. 그러니 7번 듣기를 다시 똑같은 방식으로 진행해야 한다.

하지만 이제는 첫 드라마를 들을 때처럼 어렵지는 않을 것이다. 하다 보면 '진짜 많이 쉬워졌구나', '내 실력이 이렇게 많이 늘었구나' 하는 것을 느끼게 된다. 이때는 특정 단어들이나 일부 장면들만 못 알아듣고 대부분의 내용은 다 알아들을 수 있다. 나는 이런 식으로 드라마 3개를 연습하고 나자 대부분의 한국어를 다 알아들었다.(참고로 나머지 2개 드라마는 〈내 이름은 김삼순〉과 〈마이걸〉이었다.)

★ 드라마 학습법은 일석삼조

사실 나도 이 과정에서 포기하고 싶은 순간들이 많았다. 모르는 단어는 왜 이렇게 많고, 못 알아듣는 내용은 왜 이렇게 많은지. 또 배우들은 내가 배운 말로 안 하고 희한한 말을 어쩌나 많이 하는지. 정말 재미없고 지루한 순간도 많았다. 하지만 그 순간마다 이런 생각을 하면서 극복했다.

'원어민이 태어나면서부터 접하고 10년 이상 매일 써 온 언어를 단기간 내에 알아듣고 똑같이 쓰고 싶으면 그만큼 대가를 치러야 하는 게 당연하다. 그래도 드라마로 공부하는 것은 일단 공짜인데다, 학원 교재로 지루하게 배우는 것보다 훨씬 재미있고, 아름다운 배우들을 보면서 안구정화까지 되니 일석삼조가 아닌가!'

비정상회담에 함께 출연했던
오오기, 자히드와 함께

중국어 공부하기 좋은 드라마 추천

마지막으로 중국어 공부하기 좋은 드라마를 선택하는 방법에 대한 팁을 적어 보겠다.

일단 중국 드라마 하면 가장 먼저 사극이 떠오를 텐데, 사극은 말투 때문에 추천하지 않는다. 드라마 자체로만 보자면 사극도 매력이 있지만, 우리는 역사를 공부하려는 게 아니고 언어를 공부해서 사람들과 대화하는 것이 목적이니까 말이다.

다음으로 의학이나 법정 드라마처럼 전문 용어가 많이 등장하는 드라마도 비추이다. 원어민들도 모르는 전문 용어들을 초급 학습자가 굳이 알 필요는 없다. 가령 의학 드라마를 보면 어려운 단어들이 많은데, 심지어 찾아보면 다 외래어인 경우도 많다.

중국어 공부를 위해서 중국 드라마를 선택한다면 젊은 사람들이 주인공으로 나오는 현대 청춘물이 제일 좋다. 일단 대사가 거의 표준어이고, 지금 현재 가장 많이 사용되는 문법과 표현들이 다 등장하니까 말이다.

다음은 중국어를 재미있게 공부할 수 있는 중국 드라마 추천 리스트이다.

★ 중국어 공부하기 좋은 추천 드라마 Best 5

• 1위 친애적 열애적(亲爱的, 热爱的)

©GCOO Entertainment

15살에 대학에 입학한 천재 소녀 통녠이 우연히 PC방에서 프로 게이머계의 우상인 한상옌을 만나 반하게 되면서 벌어지는 일을 그린 로맨스 드라마이다.

중국에서 정말 핫했던 드라마로, 이 드라마를 보면 다들 '나도 이런 달달한 연애를 해 보고 싶다'는 느낌을 가지게 될 것이다. 중국어 대사도 쉽고 중국 젊은 사람들의 생활상이나 선호하는 패션도 감상할 수 있기에 적극 추천드린다.

• 2위 소환희(小欢喜)

대입 수험생을 둔 세 가족의 이야기를 다룬 드라마로, 중국의 대입 시험과 십대들의 고민, 부모들의 어려움 등을 엿볼 수 있다. 드라마의 인기가 높아서 사회적으로도 많은 이슈들을 낳은 작품이다.

ⓒLinmonPictures

고등학생들이 주인공인만큼 중국 십대들이 쓰는 최신 유행어도 많이 등장하는데, 예를 들면 880bā bā líng 하면 '안아줄게(抱抱你。Bào bào nǐ.)'라는 뜻이란 걸 나도 이 드라마에서 배웠다.

- **3위 치아문단순적소미호(致我们单纯的小美好)**

ⓒHuace Film & TV

여고생 천샤오시가 같은 고등학교에 다니는 남학생 장천을 짝사랑하여 쫓아다니다 연애하게 되는 학원 청춘물이다.

중국에서 요 몇 년 간 나온 드라마 중 제일 인기 많았던 드라마 중 하나인데, 한국에서도 많은 인기를 끌었다고 들었다. 젊고 풋풋한 청춘들의 사랑과 우정을 다룬 드라마를 보면서 중국어도 배울 수 있어서 꼭 한 번 보시기를 추천드린다.

- **4위 아지희환니(我只喜欢你)**

작가의 실화를 바탕으로 쓴 소설을 드라마화한 작품으로, 고등학교

동창인 옌모와 차오이의 연애 및 결혼 스토리를 그린 낭만적인 드라마이다. 중국에서 방송 당시에도 엄청 인기가 많았다.

©Zhejiang Huace

이 드라마는 소재가 잔잔하고 일상적이어서, 드라마에 등장하는 대사들이 대부분 쉽고 진짜 일상생활에서 많이 쓰는 말들로 이루어져 있다. 중국어 회화를 공부하기에는 그야말로 최적의 드라마이다.

- **5위 도정호(都挺好)**

어머니가 돌아가시고 홀로 남은 아버지를 봉양하는 문제를 다루며 가족간의 갈등과 화해를 다룬 가족 드라마이다. 남아선호, 노부모 봉양 등 사회적 이슈들을 많이 다루고 있어 중국 내에서 큰 화제가 되었다.

©Daylight Entertainment

이 드라마를 추천드리는 이유는 내용도 물론 좋지만, 드라마를 보고 자신이 어떤 자식, 어떤 부모가 되어야 할지도 함께 고민해 보았으면 해서이기도 하다. 제목인 都挺好Dōu tǐng hǎo는 '모두 다 괜찮다(All is well)'라는 뜻이다.

추천 드라마를 5개만 고르다 보니
아깝게 탈락한 〈미미일소흔경성〉.

#심린이의 한국어 분투기 #story 5

한국어능력시험 6급에 통과하다

토픽(TOPIK) 첫 시험에서 4급을 따다

한국 드라마를 7번씩 반복하며 8개월간 한국어를 공부하고 나자, 한국어에 어느 정도 자신감이 생겼다. 그래서 그동안 배운 실력을 한번 점검해 보는 차원에서 한국어능력시험인 토픽(TOPIK)에 응시해 보기로 했다.

★ 한국어 공부 8개월 만에 토픽(TOPIK) 중급에 도전하다

지금은 시험 체제가 조금 바뀌었지만 내가 응시할 당시에는 토픽(TOPIK) 시험이 초급, 중급, 고급으로 나뉘어 치러지고, 합격자에 한해 점수별로 등급을 받았다. 첫 시험은 토픽 중급에 도전하기로 했다. 토픽 중급 시험은 보통 한국어를 전공하는 중국인 학생들이 2년 이상 공부해야 통과할 수 있는 수준이라고 했다.

토픽 시험 준비 역시 인터넷에서 시험 양식 등을 찾아보고 기출 문제를 풀어보며 혼자 했다. 그리고 2013년 10월, 태어나서 처음으로

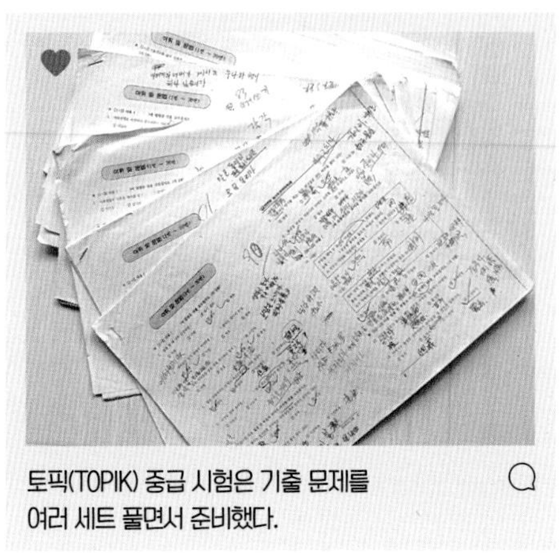

토픽(TOPIK) 중급 시험은 기출 문제를 여러 세트 풀면서 준비했다.

한국어능력시험을 치르게 되었다.

시험 당일 고사장에 갔더니 응시자 대부분이 한국어를 전공하는 대학생들이었다. 손에는 한국어책을 들고 한국어로 서로 대화를 하기도 했다. 한국어 공부나 한국어 시험에 매우 익숙한 사람들 사이에 나만 멋모르고 덩그러니 앉아 있는 것 같아 저절로 주눅이 들었다. 그리고 지나가는 사람들이 자기들끼리 "나 저번에 완전 망했어.", "시간이 부족해 쓰기 할 시간도 없더라." 하며 주고받는 말까지 들리자 잔뜩 긴장이 되었다.

하지만 막상 시험이 시작되니 의외로 어렵지 않아 긴장이 풀렸다. 실수도 조금 하긴 했지만, 결과는 4급 통과! 처음으로 내 한국어 실력을 공식적으로 인정받은 느낌이라 정말 뿌듯했다. 그리고 내친김에 바로 고급 시험에 도전하리라 결심했다.

토픽(TOPIK) 고급에 도전, 6급을 따다

10월에 토픽(TOPIK) 4급을 따고, 그해 12월에 한국으로 여행을 다녀왔다. 한국 여행 이야기는 뒤에서 다시 언급하겠지만, 생애 첫 해외여행이었던 한국 여행에서 나는 '한국 유학'이라는 새로운 목표를 가지게 되었다. 목표가 생기자 한국어 공부에 더욱 매진하며 한국어능력시험 토픽(TOPIK) 고급 시험을 준비했다.

★ 다양한 영역이 출제되는 토픽(TOPIK)

토픽(TOPIK) 듣기 영역의 경우 일상생활에 대한 내용부터 사회, 정치, 경제 등의 전문적인 내용까지 다양하게 출제된다. 나는 이런 다양한 내용들을 대비하기 위해 시험 직전 한 달 동안은 매일 한국어 뉴스를 들었다. 솔직히 뉴스 듣기는

TOPIK
韩语能力考试历年真题
高级

토픽 고급 기출문제 모음집

진짜 어렵다. 뉴스에는 사자성어, 속담, 구어체 표현 등도 많이 나와서 자신감도 엄청 많이 줄었다. 시험이 한 달밖에 안 남았는데 뉴스의 대부분을 못 알아들으니 눈앞이 캄캄했다.

★ '몰입식 공부'의 힘

그때 내가 선택한 방법은 '몰입식 공부(침수식 공부)'이다. '몰입식 공부'란 자신을 완전히 해당 언어의 환경에 빠뜨려서 내 귀에 다른 언어는 들어오지 않도록 하며 그 언어에 몰입하는 것이다. 나는 시험 전 한 달 동안 오직 한국어 뉴스만 들었다. 아침에 일어나서 세

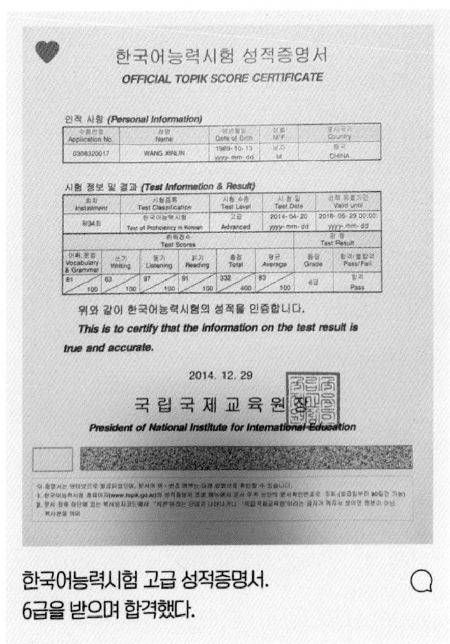

한국어능력시험 성적증명서
OFFICIAL TOPIK SCORE CERTIFICATE

인적 사항 (Personal Information)

Application No.	Name	Date of Birth	M/F	Country
0306320017	WANG XINLIN	1989-10-13 yyyy-mm-dd	M	CHINA

시험 정보 및 결과 (Test Information & Result)

Installment	Test Classification		Test Level	Test Date	Valid until
제34회	한국어능력시험 Test of Proficiency in Korean		고급 Advanced	2014-04-20 yyyy-mm-dd	2016-05-29 00:00 yyyy-mm-dd

Test Scores						Test Result	
Vocabulary & Grammar	Writing	Listening	Reading	Total	Average	Grade	Pass/Fail
81/100	63/100	97/100	91/100	332/400	83/100	6급	합격 Pass

위와 같이 한국어능력시험의 성적을 인증합니다.

This is to certify that the information on the test result is true and accurate.

2014. 12. 29

국립국제교육원장

President of National Institute for International Education

한국어능력시험 고급 성적증명서.
6급을 받으며 합격했다.

수를 하면서 녹음해 둔 뉴스를 듣고, 학교 갈 때도, 밥을 먹을 때도 들었다. 그야말로 시도 때도 없이 최대한 많이 듣고 최대한 많이 받아들이려고 했다.

그 결과 2014년 4월 토픽(TOPIK) 고급 시험에서 최고 수준인 6급을 받으며 합격했다. 6급을 통과하고 나자 나는 '한국어'라는 언어를 독학으로 공부해서 일정 수준으로 할 수 있게 되었다는 점에서 스스로에게 자신감이 생겼다. 물론 6급에 통과했다고 해서 한국어를 완벽하게 마스터한 것은 아니어서 아직 어려운 것이 많았다. 하지만 한국어로 일상생활을 하는 것이 큰 무리 없이 가능해졌고, 특히 듣기는 실제 한국에 와서 생활할 때도 거의 어려움이 없었다.

외국어를 공부할 때 하는 흔한 오해 3가지

★ 흔한 오해 ❶ 좋은 학원, 유명 선생님에게 배워야 한다?

외국어를 공부할 때 남들이 다 학원을 다니니 나도 학원을 다녀야 된다고 생각하기 쉬운데, 중국에 이런 말이 있다.

师父领进门, 修行在个人。

스승은 문으로 들어오도록 이끌어 주지만, 수행은 본인에게 달려 있다.

자기 공부는 스스로 모든 책임을 져야 한다. 특히 외국어는 시험 위주이든, 회화 위주이든 일단 내 머릿속에 일정한 양의 인풋(input)이 들어오지 않으면 아웃풋(output)이 나오기 힘들다. 그런데 이 과정은 누구도 대신 해줄 수가 없고 결국 혼자 해내야 한다. 세상의 지식은 선생님을 통해 얻는 것보다 본인이 스스로 찾아서 배우는 것이 더 많다. 그리고 당연한 말이지만 잘하는 학생은 선생님이 잘 가르쳐 줘서 잘하는 것이 아니라, 자기가 열심히 해서 잘하는 것이다.

따라서 만약 피곤에 쩔어서 가기 싫은데 억지로 학원에 다니는 거라면 차라리 안 다니는 것이 낫다. 잠들기 전에 가졌던 학습 열정이 아침에 일어나기 싫어서 20% 떨어지고, 학원 가는 길에 차가 막히거나 지하철에 사람이 많아 짜증나서 또 20% 떨어지고, 수업 시간에 모르는 게 많아서 스트레스 받아 또 30% 떨어지면 결국 남은 열정이 얼마나 될까?

그보다는 자신이 스스로 즐길 수 있는 방법을 찾아보자. 외국어 공부의 좋은 점은 다른 공부처럼 꼭 앉아서 책을 보고 할 필요가 없다는 것이다. 드라마를 보면서 대사를 외워도 되고, 음악을 들으면서 문법을 배울 수도 있다. 중요한 것은 이 과정을 즐기는 것이다. 대신 아낀 학원비로는 여행을 떠나자.

물론 학원에 다니며 공부하는 것이 잘 맞는 사람들도 있을 것이다. 반드시 학원에 가지 말라는 것이 아니다. 다만 어떤 공부든 너무 남의 도움에만 기대지 않았으면 한다는 말씀을 드리는 것이다.

★ 흔한 오해 ❷ 발음이 안 좋아서 못 알아듣는다?

외국어를 배울 때 가장 중요한 것은 단연 '말'이다. 대화를 잘해야 제대로 언어를 배운 것이지, 시험만 잘 보는 언어는 죽은 언어이다. 그런데 외국인과 대화를 하고 싶은데 발음이 안 좋아서 못 알아들을

까 봐 걱정된다고? 그런 걱정은 정말 넣어두시라. 이건 해당 언어의 원어민들을 지나치게 무시하는 발언이다. 원어민은 자기 나라에서 태어나 지금까지 그 언어를 모국어로 사용해 온 사람들이기 때문에 웬만해선 알아듣는다.

원어민이 여러분의 말을 못 알아듣는다면 대부분의 경우 '발음이 나빠서'가 아니라 '말을 안 해서'이다. 아무리 해당 언어의 원어민이라도 독심술을 터득하지 않는 한 입을 꾹 다물고 있는 사람의 말을 알아들을 수는 없다. 따라서 언어를 배울 때 외국인인 우리에게 필요한 것은 '정확한 발음'이 아니라 '배짱'이다.

토픽(TOPIK) 6급을 통과하기 전에 나는 한국인을 만나 긴 대화를 한 적이 없다. 하지만 나는 기본적으로 말하기를 좋아한다. 외동이라 그런지 항상 어머니에게 이 얘기 저 얘기 시시콜콜 말하는 습관이 있다. 그래서 나는 하고 싶은 말을 못 하면 답답하다. 그런데 이런 성향이 한국어를 배우는 과정에서 큰 도움이 됐다.

하고 싶은 말을 할까 말까 생각하다가 못 하는 건 좀 아깝다. 우리는 외국인이라서 해당 언어에 서툴다는 약점이 있지만, 그 약점이 오히려 강점이 될 수도 있다. 가령 외국인이니까 실수해도 다들 이해하며 받아주지 않나? 이건 외국인만의 엄청난 특권이다. 그러니까 '틀리면 어떡해?' 하고 너무 고민하지 말고 일단 말을 하자. 그리고 엉뚱한 말을 했다 싶으면 "미안, 내가 외국인이라." 하면 된다. 그러니 두려움을 버리고 용기를 내 한마디라도 더 말을 하자.

★ 흔한 오해 ❸ 시험은 여러 번 봐야 성적이 더 잘 나온다?

한국에 유학 와 있는 중국인 유학생들을 만나면 다들 토픽(TOPIK) 시험을 여러 번씩 본다고 하더라. 하지만 내 경우 딱 두 번 시험을 봐서, 첫 번째 시험에서 중급인 4급을 통과했고 두 번째 시험에서 고급인 6급을 통과했다. 이런 말을 하는 것은 내 자랑을 하려는 것이 아니라, 시험을 여러 번 봐야 성적이 더 잘 나온다는 말을 믿지 말라는 말을 하고 싶어서이다.

시험 보는 것이 습관이 되면 안 된다. 시험 공부를 할 때 문제를 풀고 나서 절대 그냥 넘어가지 말고 꼭 왜 틀렸는지, 왜 맞았는지, 왜 못 알아들었는지 확실히 분석하자. 기출 시험지에 나온 글, 문장들이 제일 좋은 공부 자료이니 반드시 반복하여 확실히 내 것으로 만들고, 틀린 문장들은 무조건 외우자.

정리가 잘 되면 시험은 한 번만 봐도 된다. 여러 번 시험 볼 돈이 있으면 그 돈으로 맛있는 거 사 먹는 게 낫다.

#심린이의 한국어 분투기 #story 6

심린 씨는 원래 머리가 좋지 않나요?

초등학교 때 공부를 놓아버린 아이

여기까지가 내가 한국어를 공부한 학습기이다. 그런데 이 글을 읽고 혹시 오해를 하실까 봐 말씀드리는 내용인데, 나는 천재라거나 영재하고는 거리가 먼 사람이다. 실제로는 오히려 그 반대로 초등학교 때 공부를 놓아버린 아이였다.

★ 내 고향은 버스가 들어오지 않는 시골 마을

나는 베이징과 북한 사이에 위치한 다롄(大连 Dàlián)이라는 도시 근처의 시골 마을에서 태어났다. 예전 보통의 중국 가정이 그렇듯 우리 집도 아이가 나 하나이므로, 가족은 부모님과 나 이렇게 3명이다. 아버지는 내가 어렸을 때부터 돈을 벌기 위해 다롄 시내에서 혼자 생활하고, 일 년에 한두 번 명절 때만 만날 수 있었다. 그래서 나의 어린 시절은 늘 어머니와 단 둘이었다.

내가 살던 마을은 정말 시골이라서 초등학교도 집에서 멀리 떨어진 곳으로 다녀야 했다. 당시 우리 시골에는 버스가 들어오지 않아 여름이든 겨울이든 매일 1시간 이상 걸어서 학교에 갔다. 겨울에는 길이 어두워 새벽 5시에는 나서야 7시 아침자습 시간 전까지 안전하게 학교에 도착할 수 있었다.(참고로 중국 초등학교는 8시부터 수업이 시작되기 때문에, 보통 7시 30분 전후로 등교한다.)

★ 새벽 5시 손전등을 비추고 등교하던 초등학교 시절

도시에서 생활하는 사람들은 잘 모를 텐데 시골의 겨울 새벽은 바람이 세고 그야말로 칠흑같이 캄캄하다. 나는 새벽 5시에 친구와 함께 손전등을 켜고 학교에 갔다. 눈이 온 날에도 무릎까지 닿는 눈길을 손전등 하나에 의지해 걸어가야 했다. 손전등은 원래 소리가 없는 물건이지만, 나는 손전등을 볼 때마다 새벽 눈길을 걸을 때 나던 눈 밟는 소리가 들리는 듯하다. 내가 이 세상에서 가장 무섭고 복잡한 감정을 가지고 있는 물건이 바로 '손전등'이다. 손전등을 보면 나는 슬프고 차갑고 아련한 감정이 든다.

이처럼 공부 환경이 힘들어서 그랬는지, 고백하건대 사실 난 초등학교 때 이미(?) 학교 다니는 것에 흥미가 없었다. 신기하게도 수학은 좀 좋아했는데, 좋아하는 과목인 수학 이외에 다른 과목은 다 대충 들었고, 숙제도 건성건성 했다. 담임 선생님이 내 성적표를 보시고는 도저히 안되겠다며 부모님을 모시고 오라고 하였지만, 어머니는 일을 하셔야 하고 아버지는 도시에서 따로 사셔서 못 오신다며 버텼다.

★ 공부를 놓아버린 초등학생이 중학교에 가면?

중학교 입학 후에는 부끄럽게도 수업 태도가 더 한심해져서, 그때부터는 모든 과목을 다 포기하고 매일 그림을 그리거나 소설을 썼다. 중3이 끝날 때 짐을 정리하다 보니 짐의 3분의 2가 내가 쓴 소설이었는데, 그 두께가 50cm에 달할 정도였다. 지금 생각해 보면 당시 중국에 굉장히 유명한 글쓰기 시험이 있었는데, 만약 거기에서 1등을 하면 유명한 작가가 돼서 이 시골을 벗어날 수 있지 않을까 하는 막연한 기대를 했던 것 같다.

그러나 거창하게 말해서 문학 소년이지, 현실은 성적이 말 그대로 바닥을 기는 정도가 되어 급기야 중3 담임 선생님이 어머니와 통화하면서 "심린이는 아마 일반 고등학교에 들어갈 수 없을 것 같다"고 말씀하셨다.

그때 부모님이 무척 충격을 받고 속상해하셨다. 하지만 두 분 모두 생계를 위해 돈 벌기도 바쁘신 상황이라 내 교육에는 신경을 많이 쓰지 못했다. 과외가 뭔지도 모르는 시골인 데다, 안다 한들 과외를 시

킬 형편도 안되었기 때문에 어머니가 나를 한 번 혼냈을 뿐 내버려두는 수밖에 없으셨으리라. 그래서 결국 나의 나머지 중학교 시절 역시 변함없이 책상 위에서 소설을 쓰며 흘러가고 말았다.

전교 300명 중에 270등으로 시작한 고등학교

하지만 중학교 졸업이 다가올수록 나의 고등학교 진학은 더 이상 외면할 수 없는, 우리 집안에 떨어진 발등의 불이 되었다. 당시 중국에서는 우리 시골 같은 경우, 모든 학생들이 다 고등학교에 진학할 수 없었다. 고등학교에 입학할 때 시험을 보는데 시험에서 우수한 성적을 거두면 국가 지원금을 받아 고등학교에 입학할 수 있고, 아니면 개인이 돈을 내고 고등학교에 다니거나 전문적인 기술학교에 가야 했다. 그런데 그때 나의 성적은 아무리 봐도 국가 지원금을 받아 고등학교를 다니기는 힘든 상황이었다.

★ 고등학교 입학을 위해 다롄시로 이사하다

급기야 어머니가 다롄에서 일하시는 아버지를 집으로 불러 우리 가족은 처음으로 가족회의란 것을 하게 되었다. 아버지는 내 성적표를 보시곤 한참 동안 말씀이 없으셨고, 어머니는 그저 천장만 바라보

셨다. 하지만 내 입장에서는 이 분위기가 참 억울(?)하게 느껴졌는데, 왜냐하면 나는 잘못이 없으니까 말이다. 그때의 나에게는 성적이 꼭 좋아야 할 이유가 전혀 없었다.

가족회의 결과 나를 더이상 시골에 내버려두면 안 되겠다고 판단하신 부모님은 큰 결심을 하고 다렌시에 아파트를 구입해 어머니와 나의 호적을 다렌으로 옮겼다.(참고로 중국에는 호적 개념이 있어 해당 호적의 학교만 다닐 수 있는데, 호적을 올리고 싶으면 그 도시에 있는 집을 사야 한다.) 그래서 중학교 졸업 후 어머니와 나는 다렌시로 이사를 왔다. 다렌으로 이사를 한 이유는 시골보다 도시가 학교 들어가기가 더 수월하기 때문이었다. 하지만 성적은 이사를 했다고 해서 변하지 않았고, 나의 사춘기도 저절로 낫거나 사라지지 않았다. 결국 고등학교 입학시험 성적이 좋지 않아 지역에 있는 좋은 고등학교에 들어가지 못하고 집에서 멀리 떨어진 학교를 다니게 됐다.

★ 전교 300명 중 270등을 하다

배정된 고등학교는 집에서 버스를 두 번이나 갈아타야 하는 2시간 거리의 학교였다. 학교가 너무 멀자 어머니는 나를 고등학교 기숙사에 입주시키셨다. 하지만 환경이 낯선 데다 항상 옆에 계시던 어머니마저 안 계시자, 나는 유배지에 온 심정이 되어 상태가 더 안 좋아졌다. 매일 교실에 앉아는 있지만 수업 시간에는 자거나, 소설을 쓰거나, 아니면 그림을 그렸다. 한마디로 공부는 안중에도 없던 시절이었다.

고등학교 1학년 2학기 기말고사에서 나는 전교 300명 중 270등을 했다. 지리 과목은 달랑 객관식 문제 2개를 맞춰 100점 만점에 4점을 받았다. 합격한 과목은 국어 하나뿐이었고, 좋아하던 과목인 수학까지 다 망했다.

★ 고등학교 2학년, 세상의 잣대를 알게 되다

그러던 나의 인생이 180도 바뀌게 된 것은 고등학교 2학년 때였다. 중국의 고등학교는 2학년이 되면서 문과와 이공과(한국의 이과) 중 하나를 선택해 반을 나누는데, 나는 어머니께 문과에 가고 싶다고 말했다. 그러자 어머니는 "네가 지리를 그렇게 못하는데 문과를 가면 나중에 전문대라도 갈 희망이 있겠니? 그나마 이공과를 가야 나중에 아버지 다니는 회사에서 공장 직원으로라도 일할 수 있을 거야."라며 이공과를 가라고 하셨다.

어머니의 이 말이 나에게 엄청난 충격을 주었다. 그동안 나는 내가 쓰는 소설 속 세계에 빠져 살았는데, 어머니의 얘기를 듣고 확 현실로 돌아왔다. 그러니까 어머니 말씀은 계속 이렇게 살면 나의 미래가 아버지보다도 못해 공장에서 일을 해야 한다는 것 아닌가?

'내가 왜 좋은 대학교에 들어가지 못할 거라는 거지?'

'왜 문과를 가면 전문대도 가망이 없다고 생각하냐고?'

다른 사람도 아닌 내가 세상에서 제일 사랑하는 내 어머니가 나를 그렇게 판단하는 것이 너무 서운했다.

★ 세상은 나를 성적으로 판단한다는 깨달음

어머니와 말다툼을 하고 터덜터덜 학교로 돌아왔다. 내 얼굴을 본 친구들이 무슨 일이냐고 묻길래, "우리 어머니가 내가 전문대 갈 가망도 없다고 하시더라" 하고 털어놨다. 그런데 내가 더 놀란 것은 그 말을 들은 친구들이 하나같이 "당연한 거 아냐?"라는 반응을 보였다는 것이다.

당시 내가 어울리던 친구들은 매일 농구나 축구를 하거나 연애에 열중하며, 공부는 별로 안 하던 친구들이었다. 그리고 그때 새삼스레 알게 된 것은 그 친구들은 집이 부자라서 고등학교 졸업 후 바로 해외로 나갈 예정이거나 아니면 대학에 전혀 관심이 없는 부류라는 사실이었다.

그 일이 있고 담임 선생님께 내 성적으로 대학에 갈 수 있는지 진지하게 물어봤다. 그랬더니 선생님 말씀이 집에 돈이 많아 등록금이 비싼 학교라도 괜찮다면 혹시나 갈 수 있을지도 모른다고 하셨다. 그 말을 듣고 나는 세상의 잣대를 온몸으로 느끼게 되었다. 사람들은 나의 미래를 단순히 나의 성적을 보고 판단한다는 것을. 내가 지금 어떤 마음이고, 어떤 미래를 꿈꾸고 있느냐보다 성적이 더 중요하다는 것을. 성적이 안 좋으면 내 어머니조차도 나에 대해 큰 희망을 갖지 않는다는 것을 말이다. 엄청나게 씁쓸한 깨달음이었다.

전교 270등이 전교 2등이 될 수 있었던 이유

하지만 나는 실망만 하고 있지는 않았다. 비록 다른 사람들은 믿지 않더라도, 나는 나를 믿었다.

'난 대학에 갈 수 있고, 난 성공할 수 있어.'

그래서 나는 결심했다. 이제 '공부'란 걸 시작해 보겠다고. 그리고 모든 사람에게 당신들이 틀렸다는 것을 증명해 보이겠다고 말이다.

★ 고2, 처음으로 '공부'란 걸 시작하다

나는 곧바로 이전까지 내 학교 생활의 전부였던 '소설 쓰기'와 '그림 그리기'를 중단하고, 이공과에 들어가서 공부를 시작했다. 공부를 결심한 시기가 이미 고등학교 2학년이라 시간이 없었다. 가장 먼저 수학부터 시작해 나머지 과목들도 미친듯이 공부했다.

그런데 크나큰 문제가 하나 있었다. 나는 당시 학교 기숙사에서 생활하고 있었는데, 밤 10시가 되면 바로 소등을 했다. 하지만 나는 공장히 늦게 공부를 시작했기 때문에, 남들처럼 10시에 잤다가는 대입 시험 전까지 도저히 뒤쳐진 진도를 따라잡을 수가 없는 상황이었다.

그래서 이 난국을 타개하기 위해 어쩔 수 없이 꺼내든 것이 바로 손전등이었다. 어린 시절 그렇게나 싫어했던 손전등을 내 손으로 다시 사게 될 줄이야! 나는 매일 밤 10시 전기가 끊기고 나면 이불을 뒤집어쓰고 손전등으로 책을 비추며 공부를 했다. 이런 식으로 이를 악물고 공부하자, 고2가 끝날 때 난 우리 반 꼴등에서 반 1등으로 성적이 급상승하며 고3을 맞이하게 되었다.

★ 전교 270등에서 전교 2등이 되다

고3이 되어서는 공부에 더 집중하기 위해 학교 근처에 원룸을 얻었다. 밤 9시에 학교가 끝나면 바로 원룸에 들어가 새벽 4시까지 공부를 했고, 잠깐 눈을 붙이고 아침 7시에 일어나 학교에 가서 아침 자습을 했다. 식사 시간에 구내식당에서 줄 서서 기다리는 시간도 아까워서 매일 빵을 먹었고, 체육 시간에는 영어책을 들고 나가 운동을 하면서 단어를 외웠다. 그렇게 노력한 끝에 마침내 대입 직전 시험에서 전교 2등을 했다. 전교생 300명 중에 270등을 하던 내가 말이다.

그때 친구들이 이런 말을 했다. 심린이는 하고 싶은 일은 꼭 해낸다고. 심린이는 목표가 없으면 안 하지만, 일단 목표가 생기면 진짜 목표만 보며 달려가는 사람이라고. 난 그 말이 참 마음에 들었다.

'그래, 그게 바로 나야.'

★ 목표가 있다는 것의 중요성

나는 여러분에게 이 말씀을 꼭 드리고 싶다.

'더 똑똑한 사람이 잘하는 게 아니라, 목표를 가지고 열심히 하는 사람이 더 잘할 수 있다.'

중국어 공부도 마찬가지이다. 중국어를 잘하게 된 미래의 자신을 떠올려 보자. 가족들과 중국 여행을 가서 가족들을 편안하게 안내하는 모습이나, 중국 드라마를 자막 없이 보며 즐기는 모습, 혹은 중국인과 자유롭게 이야기하는 모습 등을 떠올리며 도전해 보자.

비정상회담에 게스트로 출연하며 인연을 맺은 구글 전무 미키 김과 함께.

#심린이의 한국어 분투기 #story 7

심린이의
한국 유학 이야기

서울대학교 기계공학 박사과정에 합격하다

2013년 2월에 한국어 공부를 시작하고, 2년 6개월 후인 2015년 8월 나는 한국으로 유학을 오게 되었다. 처음 한국어 공부를 시작할 때는 막연하게 '언젠가 한국에 가서도 생활해 봐야지' 정도로만 생각했지 구체적으로 한국 유학을 준비했던 것은 아니다. 그러던 내가 한국 유학을 준비하게 된 것은 2013년 한국 여행이 계기가 되었다.

★ 어머니의 빅피처(?)

2013년 10월에 토픽(TOPIK) 4급을 따고, 그해 12월 한국으로 여행을 왔다. 이 여행은 순전히 어머니 덕분에 오게 되었는데, 사정은 이러하다. 내가 중급 시험을 마치고 고사장에서 나오면서 어머니에게 전화를 드렸는데, 어머니가 불쑥 이런 약속을 하셨다.

"시험에 통과하면 엄마가 너 첫 해외여행 보내줄게. 한국에 한 번 가 봐."

지금 와서 돌이켜보면 우리 어머니가 한국어 공부에 약간 미쳐 있는 것 같은 아들에게 조만간 어떤 중대한 결정을 내릴 순간이 올 것임을 예견하셨던 게 아닌가 싶다. 아무튼 그 당시 나는 앞으로 펼쳐질 한국과의 거대한 인연은 전혀 예측하지 못한 채 내 생애 첫 해외여행을 서울로 왔다.

★ 두근두근 9박 10일간의 서울 여행

9박 10일간 서울을 돌아다니며 내 귀로 직접 한국인들의 한국어를 듣고, 사진이 아니라 내 눈으로 직접 한국을 봤다. 한국은 내가 상상해 온 대로였다. 햇살이 따뜻한 겨울 아침, 서촌의 길을 지날 때 한옥마을의 담장에서 얼음이 녹아 바닥으로 똑똑 떨어지는 소리는 나를 환영한다고 말해 주는 것 같았고, 햇살이 적당히 바닥의 얼음을 비춰 반짝거리는 빛은 그 당시 나의 열정처럼 은은하게 찬란했다. 또 강남

역의 북적거리는 인파 사이를 뚫고 들어온 겨울 바람은 내 코끝에서 마지막 향기를 터트렸다. 서울이라는 낯선 도시 곳곳이 나에게는 한 폭의 그림 같았다.

그렇게 10일간의 한국 여행을 마치고 중국 공항에서 어머니를 만나자마자 난 이렇게 말했다.

"엄마, 저 계속 한국어를 공부해야겠어요. 한국에 가고 싶어요."

★ 서울대, 내 학교는 너로 정했어!

한국 여행을 다녀온 후 나는 한국 유학을 결심하고 구체적인 준비에 나섰다. 여러 대학을 검토한 결과, 서울대학교 대학원 박사과정에 지원하기로 마음을 정했다. 사실 한국에 여행 왔을 때 아주 짧은 시간이지만 서울대를 구경하러 들렀다. 당시에는 아무것도 결정된 것이 없었지만 어쩐지 친근한 인상을 받았다. 내 눈에는 이미 수업에 늦어서 책을 들고 정신 없이 뛰어가는 나의 모습도 보이고, 졸업식날 부모님과 함께 학교 정문에서 사진 찍는 장면도 생생하게 그려질 정도로 이 학교가 맘에 들었다. 그래서 그때 결정했다.

'서울대, 내 학교는 너로 정했어!'

★ 2015년 8월 30일 한국에 오다

서울대학교 대학원 박사과정에 지원하고 나서 결과를 기다리는 동안 중국에 거주하고 있는 한국인에게 중국어를 가르치는 아르바이트를 하며 학비를 벌었다. 그리고 2015년 8월, 운이 좋게도 나는 서울대학교 대학원에 붙었다. 지원 결과가 나오는 날 서울대 홈페이지에 접속해서 지원번호를 입력한 후 '왕심린'이란 이름 밑에 영어로 'accept'라는 단어를 확인하던 순간을 난 평생 잊지 못할 것 같다. 한국어를 독학으로 공부하고 한국 유학을 준비하는 동안 힘들었던 순간들이 머릿속에서 주마등처럼 스쳐지나가 눈물이 흘렀다.

그리고 2015년 8월 30일 유학 생활을 위해 한국에 왔다.

★ 조금은 외로웠던 유학 초기

9월에 입학을 하고 학교의 한 연구실에 들어가게 되었다. 지금은 다른 연구실 소속이지만 당시 그 연구실에는 총 20명 정도의 학생이 속해 있었는데, 외국인은 나 혼자였다. 수업은 대부분 영어로 수강을 했는데, 한국어로 해야 하는 발표나 한국어 강의 등도 수시로 생겼다. 한국어능력시험 6급을 통과하긴 했지만, 그래도 막상 전공 수업에서 한국어로 내 생각을 표현하거나 다른 사람에게 설명하는 것은 무척 어려웠다.

하지만 수업에서 못 알아들은 내용이든, 연구실에서 언어 때문에 모르는 일이든 나 혼자 처리를 해야 했다. 중국에서라면 지도 교수님께 모르는 부분을 속시원히 질문도 하고, 친구끼리 같이 프로젝트를 진행하면서 서로 도움도 주고받고 할 수 있겠지만, 한국어가 아직 낯선 유학생으로서는 기대할 수 없는 상황이었다. 고향에 대한 그리움,

학업 스트레스, 대화할 친구가 없는 외로움이 내 생활을 가득 채웠던 시기였다.

지금도 생생하게 떠오르는 기억이 하나 있다. 유학 와서 맞이한 첫 겨울이었는데, 감기에 심하게 걸려 혼자 병원에 갔다. 그때 의사 선생님이 "열 나요? 기침 있어요?" 하고 물었는데, 내가 "기침이 뭐예요?" 하고 묻자 의사 선생님이 무척 당황하셨던 게 기억난다. 그때 난 '기침'이라는 단어를 몰랐다. 외국에서 혼자 아픈 것도 속상한데, 의사 선생님과 소통도 안 되니 정말 서러웠다. 병원에서 약을 받고 기숙사로 돌아왔는데, 하필 기숙사가 난방도 잘 안 돼서 이불을 덮고 벌벌 떨다가 펑펑 울고 말았다. '한국이 좋으면 여행이나 몇 번 더 오면 되지, 왜 사서 고생을 하나' 하는 생각도 들었다. 아프니까 서럽고, 서러우니까 별별 생각이 다 들면서 눈물이 났다.

하지만 감기는 지나갔다. 그리고 나의 그런 생각도 지나갔다. 나는 고생을 견딘 만큼 행복도 찾아온다고 믿는다. 그래서 지금은 그 시기가 감사하다. 그 시기에 나는 혼자 일을 해결하는 능력을 기를 수 있었다. 모든 익숙한 것들로부터 뚝 떨어져 타지에서 지내는 생활이야말로 나에게 자립심과 일을 해결하기 위해 노력하는 근성을 길러 주었다.

★ 한국 유학 생활을 통해 내가 깨달은 것

학생의 특권은 '든든한 빽'이 있다는 것이다. 학생은 문제를 최대한 혼자 풀려고 노력해야겠지만, 끝까지 해결 못한다 해도 '마지막엔 나를 도와줄 선생님이 있다'라고 생각하기 때문에 안심할 수 있다.

하지만 한국에서 나는 학부생이 아니고 박사과정을 밟고 있다. 교수님께 지도를 부탁할 수는 있지만, 힘들고 안 풀린다고 무턱대고 해결해 달라고 할 수는 없다. 내 길은 내가 찾아야 한다. 마지막까지 안 된다 싶을 때에도 그 문제를 해결할 수 있는 다른 길을 찾아내야 했다. 솔직히 누구한테도 기댈 수 없다는 것이 엄청난 스트레스로 다가왔지만, 그 속에서 나는 급속도로 성장할 수 있었다. 한마디로 '학생'이란 신분에서 벗어나게 되었다.

상황이 힘들다고 투덜거리는 것은 투정밖에 안 된다. 성숙한 사람이라면 문제가 발생했을 때 스스로 책임을 지고 해결해야 한다. 나는 한국에서 대학원을 다니며 이것을 배우게 되어 너무 감사하다.

그리고 이제는 프로젝트를 마치고 맥주 한 잔 같이하며 스트레스를 풀 친구들도 생겼다.

JTBC 〈비정상회담〉에 출연하다

마지막으로 공부 이야기는 아니지만, 내가 출연했던 JTBC 〈비정상회담〉에 대해서도 짤막하게 이야기를 해 보고자 한다. 한국에 오기 전 20여 년 동안 배운 것보다 한국에서 보낸 시간 동안 배운 것이 더 많은데, 특히 〈비정상회담〉 출연 이후에 깨닫게 된 것이 많기 때문이다.

★ 일평생 '시청자'일 줄 알았는데…

대학원에서 연구를 시작하며 차차 한국 생활에 적응해 가던 나는 JTBC의 〈비정상회담〉이라는 프로그램에 출연하면서 또 한 번 극적인 전환기를 맞이하게 되었다.

주변에서 처음 방송을 시작하게 된 계기가 무엇이냐는 질문을 많이 받았다. 그런데 고백컨대 나는 〈비정상회담〉에 출연하기 전까지 태어나서 단 한 번도 방송에 출연하겠다는 생각을 해본 적이 없다. 공부를 하러 한국에 왔기 때문에 나의 삶은 그저 '연구실-강의실-기숙사'의 무한 반복이고, 잘하는 일은 '코딩'과 '글쓰기', 좋아하는 일은 '드라마 보기'가 끝인 심플 그 자체의 인간이었다. 내가 생각하는 방송인은 춤을 추거나 노래를 부르거나 연기를 해서 사람들에게 기쁨을 주는 특별한 재능을 가진 사람들이므로 나와는 1도 접점이 없다고 생각했다. 나는 그저 시청자로서의 삶에 만족하는 사람이었다. 그런 내가 왜 방송을 하게 되었냐고?

★ 어마무시한 서울 물가

전에도 말했지만 나는 내 공부 때문에 가족에게 경제적 부담을 주고 싶지 않았다. 그래서 한국어를 공부할 때도 독학을 선택했고, 한국 유학을 올 때도 중국에서 여러 가지 아르바이트를 하면서 열심히 돈을 모았다.

하지만 막상 한국에서 살아 보니 한국과 중국의 물가 차이가 생각보다 어마어마해서 내가 1년간 버틸 수 있겠다고 생각했던 돈이 4개월 만에 바닥이 났다. 학비와 생활비를 벌기 위해서 어쩔 수 없이 아르바이트를 해야 할 상황이었다.

하지만 박사 과정 공부도 바빠서 그렇게 많은 시간을 낼 수가 없었다. 그나마 아르바이트가 가능한 시간은 주말 정도였는데, 주말에만 할 수 있는 아르바이트는 경쟁률이 높은 데다 외국인인 내가 할 수 있는 자리는 거의 없었다.

★ 방송국 '단기 알바'라고 생각하고 도전한 <비정상회담>

학교 근처에서 아르바이트를 찾기가 너무 힘들어 이번에는 인터넷에서 '외국인 알바'를 검색해 보았다. 이것저것 검색을 하던 와중에 어떤 사람이 쓴 댓글에서 '외국인이면 비정상회담을 하는 게 좋다'라는 내용을 발견했다. 내 상황에 이것저것 가릴 처지도 아니고 해서 별 생각 없이 비정상회담 출연 사이트를 검색해서 출연 신청을 적었다. 사진 두 장과 자기소개 몇 줄을 간단히 적어넣으면 끝이었다. 하지만 2주가 지나도 아무 소식이 없길래 그대로 완전히 잊고 말았다.

★ 방송국에서 전화를 받다

그러던 어느 일요일 오후 친구와 카페에서 시험 공부를 하고 있는데 모르는 번호로 전화가 왔다.

"여보세요?"

"안녕하세요, 왕심린 씨 핸드폰 맞나요?"

"네, 그런데 누구시죠?"

"저는 비정상회담 작가 ○○○입니다. 출연 신청서 보고 연락드렸는데, 혹시 지금 통화 가능하세요?"

"비정상회담이요? 아! 네네!! 저 맞아요. 통화 가능합니다."

"그러면 왕심린 씨 자기 소개를 부탁드려도 될까요?"

"네, 안녕하세요, 저는 중국에서 온 왕심린입니다. 현재 서울대학교에서 기계공학 박사과정을 하고 있습니다. 한국에 온 지는 1년 정도

됐어요."

"그럼, 유학생이신 거죠? 왕심린 씨가 한국말을 너무 잘하셔서 교포이신 줄 알았어요."

"(하하) 그냥 유학생이에요."

"그럼 저희 JTBC 방송국에 한 번 와 주실 수 있나요? 주소는 제가 이따가 메시지로 보내드릴게요."

"네, 알겠습니다. 꼭 가겠습니다."

상상도 못 한 전화여서 진짜 깜짝 놀랐다. 한국 방송국에 가볼 기회가 생겼다는 게 너무 기쁜 나머지 방송국에 오라는 말이 무슨 뜻인지는 깊이 생각해 보지 않았다. 그저 방송국에 일일 견학을 간다고 생각했던 것이다.

★ JTBC 방송국에 가다

JTBC 방송국에 가는 당일, 약간 길치인 나는 친구와 함께 조금 일찍 나서서 약속 시간보다 20분 일찍 도착했다. 1층 로비에 있는 카페에서 아메리카노를 사서 구석 자리에 앉아 작가분을 기다렸는데, 컵에 JTBC가 적혀 있는 걸 보고 무지 흥분했던 기억이 난다.

한 5분쯤 지났을까? 정말이지 연예인보다 더 아름다운 여자분이 내 앞에 나타나 자신이 지난 번에 통화했던 작가라고 소개하며 자기를 따라오라고 했다. 난 작가분 얼굴을 보는 순간 얼이 빠져서 어떻게

10층까지 따라갔는지도 기억이 가물가물하다.

그런데 10층에 도착한 순간 그 작가분이 갑자기 이렇게 물었다.

"면접 준비는 잘 했어요?"

"면… 면접이요?"

아까보다 더 얼빠진 표정을 하고 있는 나를 보곤 작가분이 웃으며 얘기했다.

"네, 면접이요. 모른다고 하지 마세요. 난 얘기했어요~."

그제서야 나는 방송국에 오라는 말이 어떤 의미인지 알게 되었다.

'그렇지. 오라고 하면 면접 보러 오라는 말이지, 설마 너 견학시켜 주려고 불렀겠니? 이런 똥멍청이!'

스스로 생각해도 어이가 없어서 망연자실해 있는데 작가분이 안심하라는 듯 말했다.

"그냥 아는 대로 말하면 돼요. 긴장하지 말고."

'아, 나는 머리를 폼으로 달고 다녔구나.'

후회와 자책으로 머리를 쥐어뜯으며 면접장으로 들어갔다.

★ 정신없이 떨렸던 방송국 면접

회의실 안에는 10명 정도의 사람들이 앉아 있었는데, 각자 내가 전에 제출한 신청서를 갖고 있었다. 모두가 나를 쳐다보는 상황이 어색해서 나는 책상만 쳐다봤다. 그때 한 사람이 질문을 했고, 이후 이런 저런 질문들이 쏟아졌다.

"출신 학교가 어떤 학교예요? 소개 좀 해 주세요."

"중국에서 상하이 남자는 어떤 이미지예요?"

"상하이, 베이징 다 가 보셨어요? 본인이 제일 좋아하는 도시는 어디예요?"

"환경 문제 개선을 위해 필요한 노력이 뭐라고 생각해요?"

…

면접에서 이런 질문들을 받았는데, 어찌나 떨었던지 질문은 기억이 나지만 내가 했던 대답은 거의 기억이 나지 않는다. 심지어 어떻게 그 회의실을 빠져나왔는지도 기억이 없을 정도이다.

면접이 끝난 후 같이 간 친구가 방송국 바깥에서 사진을 찍어줬다. 사실 나와 친구는 이 방송국 일일 견학을 위해 셀카봉과 간식을 잔뜩 준비해 갔지만, 방송국에서는 꺼내 보지도 못했다.

★ 중국에서 비행기로 날아와 마친 첫 녹화

면접을 하고 나서 바로 추석이어서 나는 중국에 가 있었다. 그런데 중국에 간 지 이틀도 안 돼 방송국에서 연락을 받았다. 내일 방송국에 올 수 있냐는 내용이었다.

'내일? 여기는 지금 중국인데, 내일 한국에 오라고?'

그 순간에는 머리가 무척 복잡했다. 얼떨결에 면접을 봤는데, 갑자기 방송 출연이 확정되었다고 한다. 미처 마음의 준비가 안 된 상태였기에 나 자신에게 물었다.

'내가 진짜 방송할 마음이 있나?'

많은 생각들이 한순간에 스쳐지나갔지만, 이 기회를 놓치면 안 될 것 같았다. 그래서 눈동자가 떨리면서도 대답했다.

"네, 알겠습니다. 그럼 내일 뵙겠습니다."

나는 그렇게 이튿날 제일 빠른 항공편으로 서울에 돌아와 〈비정상회담〉 녹화에 참여하게 되었다. 그리고 2016년 7월 11일 〈비정상회담〉 106회에 등장하며 프로그램에 고정 출연하게 되었다.

2016년 7월 11일 〈비정상회담〉 106회에 등장하며 프로그램에 고정 출연하게 되었다.

〈비정상회담〉 출연 이후 깨닫게 된 것들

방송을 시작하고 주변에서 가장 자주 들었던 질문은 아래의 세 가지이다.

"방송일은 재미있어?"

"돈 많이 벌어?"

"연예인 많이 봐?"

그때 새삼스레 깨닫게 된 것은 사람들이 '방송'에 관심이 많다는 것이었다. 나는 생활이 단순한 공대생으로 살아온 데다, 용돈을 버는 아르바이트로 생각하고 방송일을 시작한 것이어서 방송이 가진 파급력을 잘 몰랐다. 그저 편의점이나 식당에서 아르바이트를 하는 대신 방송국에서 아르바이트를 한다 정도로만 생각했다. 그런데 지나고 보니 방송은 굉장히 영향력이 있는 일이었다.

★ 많은 사람들의 관심을 받다

〈비정상회담〉을 하면서 멋진 연예인분들뿐만 아니라 유명 정치인분들이나 존경하는 문인분들도 가까이서 만나볼 기회가 생겼다. 그리고 치킨 하나를 시켜도 가격을 엄청 신경 쓰는 가난한 유학생일 뿐인 내가 방송을 하면서부터는 사람들에게 칭찬을 받고 좋은 대접도 받게 되었다. 무엇보다 인생 처음으로 잘생겼다는 말까지 들었다.

그래서 처음에는 혼란스러운 마음도 컸다.

'내가 진짜 잘하는 건가? 내가 진짜 잘생겼나? 나는 그렇게 대단한 사람이 아닌데, 왜 사람들이 나를 이렇게 좋아해 주지?'

헷갈렸지만 일단은 그렇게 믿고 싶기도 했다.

★ 감사한 일과 속상한 일이 함께 오다

하지만 마냥 좋은 일만 생긴 것은 아니었다. 감사한 일들이 생긴 만큼 전에는 상상도 못 했던 일들이 내 인생에 함께 벌어졌다. 바로 '악플'이었다. 나를 모르는 사람들로부터 입에 담지 못할 악플들을 받았는데, 그 중에는 단지 내가 중국인이라서 내가 싫다는 사람들도 있었다.

나는 태어나서 지금까지 한 번도 인터넷에 악플을 달아 본 적이 없을 정도로 소심하고 평범한 사람인데, 왜 이렇게까지 나에게 욕을 할까 너무 억울해서 운 적도 있다. 하지만 그러면서 깨달은 것이 방송은 그저 단순한 '아르바이트'가 아니라는 것이다.

나는 평범하게 태어나서 열심히 한국어를 공부해서 한국으로 유학 온 유학생 왕심린이지만, 우연히 시작한 방송을 계기로 전혀 예상치 못한 삶을 살게 되었다. 그 결과 나는 나를 좋아해 주는 사람들에게는 칭찬을 받았고, 나를 싫어하는 사람들에게는 욕을 먹었다. 감사한 일과 속상한 일이 함께 왔는데, 어느 것 하나 당연한 것은 없었다.

★ 오늘 하루도 나의 에너지를 나누면서 행복해져야지!

이 과정을 겪고 나서 내가 결심한 것은 '다른 사람의 평가에 내 감정을 휘둘리지 말자'는 것이다. 나에 대한 악플은 받아들일 것은 받아들이되, 절대 사실이 아닌 일에 내 감정을 낭비할 필요는 없다. 칭찬도 마찬가지이다. 칭찬을 들으면 기쁘고 감사하지만, 너무 칭찬에 집착하게 되면 더 이상 평범한 삶을 살지 못할 것이다.

그렇게 생각을 정리하자 방송일도 다시 돌아보게 되었다. 처음에는 '생계용 알바'라고 생각하고 시작한 일이었지만, 함께하는 동료들을 보면서 차츰 '방송은 사람들과 소통하며 행복과 즐거움을 전달하는 직업'이라는 생각을 하게 되었다. 그래서 그후로 나는 〈비정상회담〉이 종료되던 날까지 촬영을 하러 갈 때마다 '오늘 하루도 나의 에너지를 사람들과 나누면서 행복해져야지' 하며 기쁜 마음으로 방송국을 향할 수 있었다.

★ '언어'를 공부한다는 것은 그 '세계'가 통째로 오는 것

내가 한국에 와서 얻게 된 모든 기회와 상황은 사실 내가 처음 한국어 공부를 시작할 때는 미처 상상하지 못 했던 일들이다. 한국에 유학을 오게 될지도 몰랐고, 한국에서 방송에 출연하게 될 것은 더더욱 몰랐다. 하지만 지금 와서 생각해 보면 시야를 넓히고 싶어서 외국어 공부를 선택했던 나의 처음 생각이 맞았다.

한 '언어'를 공부한다는 것은 그 '세계'가 통째로 나에게 오는 것이다. 내가 한국어를 공부함으로써 '한국'이라는 세계가 나에게 왔다. 이제 여러분의 차례이다. 중국어를 공부를 시작하는 순간, '중국'이라는 세계가 여러분에게 다가올 것이다. 그리고 그로 인해 당신이 맞이하게 될 미래는 무한한 가능성을 품고 있다.

자, 그럼 이제 중국어 공부를 시작해 볼까요~?

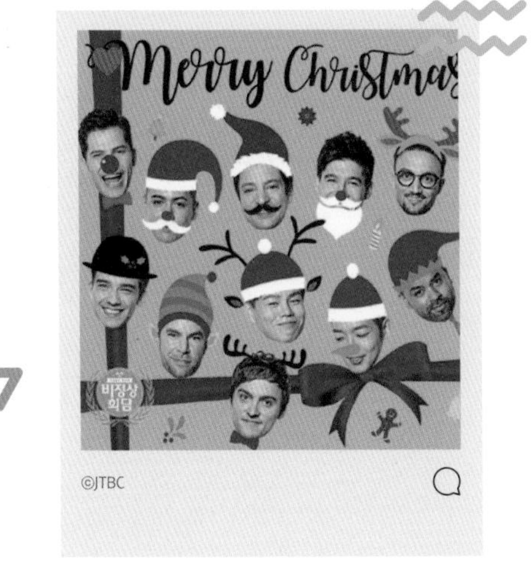

©JTBC

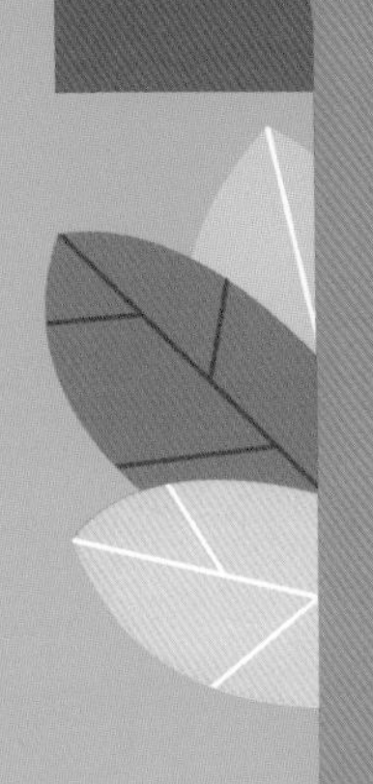

너무 재밌어서 밤새 읽는 중국어 표현 120

2 PART

CONTENTS
01. 안녕!
02. 잘 가!
03. 고마워!
04. 미안해.
05. 힘내!
06. 수고하셨습니다.
07. 밥 먹었어?
08. 잘 자!
09. 생일 축하해!
10. 새해 복 많이 받으세요!
중국어 지금 시작해!

CHAPTER
01

인사

01

MP3 듣기

안녕!

你好!

[Nǐ hǎo!]

你好 Nǐ hǎo는 중국어의 가장 기본적인 인사 표현으로, '안녕', '안녕하세요'에 해당합니다. 남녀노소 누구에게나 사용할 수 있는 표현이니 편하게 사용하세요. 격식 있는 자리에서는 你를 높임말인 您 nín으로 바꿔 您好 Nín hǎo라고 합니다. 好 hǎo는 '좋다'라는 뜻입니다.

你好! 안녕!
Nǐ hǎo!

老师, 您好! 선생님, 안녕하세요!
Lǎoshī, nín hǎo,

아침인사인 **早上好**(Zǎoshang hǎo), 저녁인사인 **晚上好**(Wǎnshang hǎo)도 일상적으로 많이 씁니다. 반면 점심인사인 **中午好**(Zhōngwǔ hǎo)는 잘 안 써요.

★ **老师** lǎoshī 선생님 **您** nín 당신, 선생님(你의 존칭)

02 잘 가!

再见!

[Zàijiàn!]

한국말의 '잘 가'처럼 헤어질 때 쓰는 인사 표현입니다. 그런데 이 표현을 자세히 살펴보면 '再 zài(다시, 또) + 见 jiàn(보다)'이 합쳐진 '또 봐'라는 의미입니다. 중국 사람들은 헤어질 때 '잘 가'라고 인사하지 않고, '또 봐'라고 인사하는 점이 은근 다르죠?

今天真开心, 再见!
Jīntiān zhēn kāixīn, zàijiàn!
오늘 참 재미있었어, 또 봐!

再见! 응, 또 보자!
Zàijiàn!

중국 친구에게 '잘 가'라고 인사하면 '어, 왜 나에게 가라는 거지?' 하며 이상하다고 생각할 수도 있어요.

★ **今天** jīntiān 오늘 **真** zhēn 확실히, 참으로 **开心** kāixīn 즐겁다, 좋다

03

고마워!

谢谢!

[Xièxie!]

많이들 아는 표현이죠? 谢谢 xièxie는 '고맙습니다', '감사합니다'에 해당하는 인사 표현입니다. 대답은 不客气 búkèqi 또는 不谢 bú xiè라고 하며 둘 다 '별 말씀을요', '천만에요'라는 뜻입니다. 不谢는 단어만 보면 '안 감사하다'가 되는데, '감사할 필요 없다'란 뜻입니다.

谢谢，今天辛苦了。
Xièxie, jīntiān xīnkǔ le.
감사합니다, 오늘 수고하셨습니다.

不谢。 별 말씀을요.
Bú xiè.

중국 사람들은 Thank you. 하면 무의식적으로 No thank you. 하고 대답하는 실수를 자주 하는데, 바로 이 **不谢**라는 표현 때문이랍니다.

★ **辛苦** xīnkǔ 수고롭다　**不** bù 아니다

对不起 duìbuqǐ는 '미안해'란 뜻의 사과 표현으로, 不는 원래 4성이지만 가운데 들어가 경성으로 발음합니다. 대답 표현인 '괜찮아'는 중국어로 没事 méi shì나 没关系 méi guānxi라고 하는데, 한자만 보면 没事(일이 없다), 没关系(상관 없다)같지만 그냥 '괜찮다'는 뜻이니까 헷갈리지 마세요.

给你添麻烦了, 对不起。 폐를 끼쳐서 미안해.
Gěi nǐ tiān máfan le, duìbuqǐ.

没关系。 괜찮아.
Méi guānxi.

★ **给** gěi ~에게 **添** tiān 더하다 **麻烦** máfan 부담을 주다, 폐를 끼치다

05 힘내!

加油!

[Jiāyóu!]

加油! Jiāyóu!는 '힘내!', '파이팅!'이란 뜻으로, 상대방을 응원할 때 쓰는 표현입니다. '加(더할 가) + 油(기름 유)'를 사용해서 '기름을 더하다'가 '파이팅!'이란 뜻이 된 건데, '기름 = 에너지'란 이미지를 생각해 보면 그럴 듯하지 않나요?

学中文, 加油!
Xué Zhōngwén, jiāyóu!
중국어 공부하는 거 힘내!

谢谢! 고마워!
Xièxie!

그럼 자동차에 기름을 넣는 것은 뭐라고 할까요? 이것도 똑같이 **加油**입니다. '주유소'는 **加油站**(jiāyóu-zhàn)이라고 해요.

★ **学** xué 배우다　**中文** Zhōngwén 중국어

06

수고하셨습니다.

辛苦了。

[Xīnkǔ le.]

'수고하셨습니다'를 중국어로 표현하면 辛苦了 xīnkǔ le입니다. 辛苦 xīnkǔ는 '매울 신(辛) + 쓸 고(苦)' → '고생스럽다, 수고롭다'란 표현이고, 了 le는 완료를 나타내는 어기조사입니다. 요즘 중국에서는 습관적으로 了를 빼고 辛苦라고만 하기도 합니다.

辛苦了，你真棒!
Xīnkǔ le, nǐ zhēn bàng!
수고했어, 정말 잘했어!

哈哈，谢谢。 하하, 고마워.
Hāha, xièxie.

응원할 때 **加油**!(파이팅!)라고 말하기 쑥스러우면 대신 **辛苦**!(수고해!) 하고 인사하기도 해요. 독자 여러분, **辛苦**!

★ **棒** bàng 좋다, 뛰어나다 **哈哈** hāha 하하(웃음 소리를 나타낼 때 쓰임)

밥 먹었어?

吃了吗?

[Chī le ma?]

한국에서 유명한 중국어인 '니츠판러마'는 你吃饭了吗? Nǐ chīfàn le ma?라고 쓰고, '밥 먹었어?', '식사하셨어요?'란 뜻입니다. 여기서 吃饭 chīfàn은 '밥을 먹다'란 뜻인데 중국 사람들은 보통 이 말을 줄여서 吃了吗? Chī le ma? 라고 말합니다.

晚饭吃了吗? 저녁 밥은 먹었어?
Wǎnfàn chī le ma?

没有，哪有时间吃啊。
Méiyǒu, nǎ yǒu shíjiān chī a.
아직. 밥 먹을 시간이 어디 있어.

대답할 때는 밥을 먹었으면 **吃了**(Chī le), 안 먹었으면 **没吃**(méi chī)라고 하면 됩니다.

★ **晚饭** wǎnfàn 저녁밥 **时间** shíjiān 시간 **啊** a 문장 끝에 쓰이는 어기조사

중국어로 '잘 자'라는 저녁 인사는 晚安 wǎn'ān이라고 합니다. 晚 wǎn은 '밤'이라는 뜻이고, 安 ān은 '편안하다', '안정되다' 등의 뜻입니다. 중국어는 현재 존댓말이 거의 없기 때문에 '잘 자'라고 할 때 누구에게든 晚安이라고 인사하면 됩니다.

妈妈, 晚安! 엄마, 안녕히 주무세요.
Māma, wǎn'ān!

嗯, 晚安! 그래, 잘 자거라.
Èng, wǎn'ān!

★ **妈妈** māma 엄마 **嗯** èng 응, 그래

생일 축하해!

祝你生日快乐!

[Zhù nǐ shēngrì kuàilè!]

'생일 축하해', Happy Birthday!에 해당하는 중국어 표현입니다. 祝 zhù는 '기원하다', '축하하다', '바라다'이고 快乐 kuàilè는 '즐겁다', '행복하다'란 뜻이니까, 祝你生日快乐 하면 '너의 생일이 행복하기를 기원하다'란 의미에서 '생일 축하해'란 표현이 되었습니다.

祝你生日快乐! 생일 축하해!
Zhù nǐ shēngrì kuàilè!

谢谢。 고마워.
Xièxie.

★ **祝** zhù 축하하다 **生日** shēngrì 생일 **快乐** kuàilè 즐겁다, 행복하다

10

새해 복 많이 받으세요!

过年好!

[Guònián hǎo!]

한국말의 '새해 복 많이 받으세요'에 해당하는 표현입니다. '过 guò(지내다) + 年 nián(해) + 好 hǎo(좋다)'니까 '새해를 잘 지내라 → 새해 복 많이 받으세요'란 의미가 된 것입니다. 또는 新年快乐 xīnnián kuàilè도 같은 뜻인데, 둘 다 정말 많이 쓰는 표현이니 편하게 골라 쓰세요.

过年好, 恭喜发财!
Guònián hǎo, gōngxǐ fācái!
새해 복 많이 받고, 부자되세요!

过年好, 恭喜发财!
Guònián hǎo, gōngxǐ fācái!
새해 복 많이 받고, 부자되세요!

중국 설인 춘절(**春节**[chūnjié])에는 **过年好** 뒤에 **恭喜发财**!(부자되세요!)를 붙여 말하면 가장 기분 좋은 인사말이에요.

★ **过** guò 지내다　**年** nián 해　**恭喜** gōngxǐ 축하하다　**发财** fācái 부자가 되다

CONTENTS
01. 좋아!
02. 괜찮아.
03. 진짜?
04. 맞아!
05. 오 마이 갓!
06. 말도 안돼!
07. 좋은 생각이야!
08. 잘했어!
09. 너 미쳤어?
10. 꿈 깨!
중국어
지금
시작해!

CHAPTER 02

리액션 중국어

01 좋아!

好!

[Hǎo!]

맞장구의 기본은 뭐니뭐니해도 '좋아요!'죠. 상대방의 제안이나 의견에 '좋아요!' 하고 동의하거나 칭찬할 때는 好! Hǎo!라고 하면 됩니다. 그런데 중국어의 好 hǎo!는 '좋아하다'란 like의 뜻은 없으니 주의하세요. '나 너 좋아해!'는 我好你!가 아니라 我喜欢你。 Wǒ xǐhuan nǐ. 입니다.

我们去吃火锅吧!
Wǒmen qù chī huǒguō ba!
우리 훠궈 먹으러 가자!

好! 좋아!
Hǎo!

한국어는 '먹으러 가자'인데, 중국어는 '가서(**去**) 먹자(**吃**)'라고 동사 순서를 동작이 일어난 순서대로 말해요.

★ **火锅** huǒguō 훠궈(중국식 샤브샤브)　**吧** ba ~자, ~봐(문장 끝에 쓰여 명령, 제의, 상의 등을 나타냄)

02 괜찮아.

没关系。

[Méi guānxi.]

중국에서는 흔히 '꽌시'가 중요하다고 하죠? '꽌시'는 关系 guānxi(관계)란 단어로, 발음은 '관시'에 가깝습니다. 没关系 méi guānxi는 이 关系 앞에 '없다'란 뜻의 没 méi를 붙인 것인데, 사과 표현에 대한 답변인 '괜찮다'도 되고, 이러나 저러나 '상관 없다'도 됩니다.

对不起，我迟到了。
Duìbuqǐ, wǒ chídào le.
늦어서 죄송합니다.

没关系，我也刚来。
Méi guānxi, wǒ yě gāng lái.
괜찮아요. 저도 방금 왔어요.

한국 드라마 〈괜찮아, 사랑이야〉는 중국에서도 엄청 인기가 있었는데요, 중국어 제목이 〈**没关系，是爱情啊**(Méi guānxi, shì àiqíng a)〉입니다.

★ **迟到** chídào 지각하다 **也** yě ~도 **刚** gāng 지금, 막, 바로

03

진짜?

真的假的?

[Zhēn de jiǎ de?]

놀랍고 믿기지 않는 말을 들었을 때, '진짜?', '정말?', '리얼?'이라고 하죠? 이를 중국어로는 真的吗? Zhēn de ma? 또는 真的假的? Zhēn de jiǎ de?라고 합니다. 真的 zhēn de는 '진짜', 假的 jiǎ de는 '가짜'라는 뜻으로, 真的假的?는 '진짜야 가짜야? → 진짜야?'가 된 것입니다. 真的吗?보다 더 놀랍다는 느낌을 준다는 사실도 알아두세요!

我和女朋友分手了。
Wǒ hé nǚpéngyou fēnshǒu le.
나 여자친구랑 헤어졌어.

真的假的? 出什么事儿了?
Zhēn de jiǎ de? Chū shénme shìr le?
진짜? 무슨 일 있었어?

한국인들은 **真的吗**?만 주로 쓰던데, 중국인들은 **真的假的**?도 정말 많이 쓰니 꼭 사용해 보세요.

★ **分手** fēnshǒu 헤어지다, 이별하다 **出事儿** chū shìr 일이 생기다, 사고가 나다

04

맞아!

对啊!

[Duì a!]

对啊! Duì a!는 상대방의 의견에 동의할 때 쓰는 한국말 '맞아!'에 해당하는 표현입니다. '맞다', '옳다', '정확하다'란 뜻의 对 duì에 감탄을 나타내는 어기조사 啊 a가 붙은 것입니다. 对! 하고 단독으로 쓸 수도 있지만, 啊를 붙여주면 느낌이 더욱 살아납니다.

今天很热吧? 오늘 너무 덥지 않아?
Jīntiān hěn rè ba?

对啊, 热死了。
Duì a, rè sǐ le.
맞아, 더워 죽을 거 같아.

격하게 동의하는 '맞아! 맞아! 맞아!'는 중국어도 **对! 对! 对!** 하면 됩니다.

★ **热** rè 덥다 **死了** sǐ le ~해 죽겠다, 너무 ~하다

오 마이 갓!

天啊!

[Tiān a!]

서양에서는 놀랄 때 '오 마이 갓' 하고 god(신)을 부르죠? 중국에서는 놀랄 때 天啊! Tiān a! 하고 '하늘(天 tiān)'을 불러요. 뜻은 '오 마이 갓', '어머나', '세상에', '맙소사'로, 발음은 '톈 아'라고 하지 않고, 붙여서 '톄 나'로 합니다. 啊 a는 감탄을 나타내는 어기조사입니다.

一个一千块钱。

Yí ge yìqiān kuài qián.

1개에 1000위안입니다.

天啊, 这么贵。

Tiān a, zhème guì.

세상에! 그렇게 비싸요?

'天啊'와 같은 의미로 '我的天啊! (Wǒ de tiān a!)'도 많이 사용합니다.

★ **块** kuài 원(중국의 화폐 단위) **钱** qián 돈 **这么** zhème 이렇게 **贵** guì 비싸다

06

말도 안돼!

不可能!

[Bù kěnéng!]

不可能! Bù kěnéng!은 '가능하다'란 뜻의 可能 kěnéng 앞에 부정의 不 bù가 붙은 말로, '불가능해', '말도 안돼'의 의미입니다. 怎么可能 zěnme kěnéng도 같은 의미인데, 둘 다 정말 자주 씁니다. 怎么 zěnme는 '어떻게'라는 뜻으로, 怎么可能? Zěnme kěnéng?은 '어떻게 가능해?'라는 의미입니다.

朋友都说我帅。 친구들 모두 내가 잘생겼대.
Péngyou dōu shuō wǒ shuài.

不可能! 말도 안돼!
Bù kěnéng!

★ **朋友** péngyou 친구　**都** dōu 모두　**说** shuō 말하다　**帅** shuài 잘생기다

좋은 생각이야!

好主意!

[Hǎo zhǔyi!]

상대방의 의견이나 생각이 좋다고 칭찬할 때 쓰는 표현으로, 영어의 Good idea!에 해당하는 표현입니다. 好 hǎo는 '좋다', '훌륭하다', 主意 zhǔyi는 '생각', '아이디어', '의견'이란 뜻입니다.

吃羊肉串吧! 양꼬치 먹자!
Chī yángròuchuàn ba!

好主意! 좋은 생각이야!
Hǎo zhǔyi!

羊肉串은 '羊肉 yángròu(양고기)+串 chuàn(끈으로 꿰다)'이니까 '끈으로 꿴 양고기 → 양꼬치'가 된 것입니다.

★ **羊肉** yángròu 양고기　**串** chuàn 꿰미

08

잘했어!

真棒!

[Zhēn bàng!]

真棒! Zhēn bàng!은 중국어의 대표적인 칭찬 표현으로, '최고야', '짱이야', '잘했어'의 의미입니다. 真 zhēn은 '진짜'란 뜻이고, 棒 bàng은 '몽둥이 봉' 자인데 중국어에서는 '좋다', '훌륭하다'란 뜻의 형용사입니다. 이제 엄지척 하고 '따봉!' 대신 '쩐 빵!'을 외쳐 주세요.

我HSK4级合格了。 나 HSK 4급 합격했어.
Wǒ HSK sì jí hégé le

真棒, 辛苦了! 잘했어! 수고했어!
Zhēn bàng, xīnkǔ le!

★ **级** jí 등급, 급　**合格** hégé 합격하다

09

MP3 듣기

너 미쳤어?

你疯了?

[Nǐ fēng le?]

疯 fēng은 '미치다', '제정신이 아니다'란 뜻이니까, 你疯了? 하면 말 그대로 '너 미쳤어?'란 말입니다. 你疯了吗? Nǐ fēng le ma?라고 해도 같은 의미입니다. 친구가 이상한 말이나 어이 없는 행동을 할 때 쓰면 됩니다. 단 친한 친구에게만 쓰세요.

我要辞职。 나 회사 그만둘래.
Wǒ yào cízhí.

你疯了? 너 미쳤어?
Nǐ fēng le?

★ **要** yào ~하려고 하다　**辞职** cízhí 직장을 그만두다, 퇴사하다

10

꿈 깨!

醒醒吧!

[Xǐngxǐng ba!]

친구가 현실과 너무 동떨어진 생각을 할 때 '꿈 깨'라고 하죠? 이를 중국어로는 醒醒吧! Xǐngxǐng ba!라고 합니다. 醒 xǐng은 '깨다'란 뜻인데, 이 표현은 '醒醒 xǐngxǐng(좀 깨보다) + 吧 ba(상의, 제의의 어기조사)'로 이뤄져 '좀 깨 보세요 → 꿈 깨'란 의미가 된 것입니다.

我要当演员! 난 배우가 될 거야!
Wǒ yào dāng yǎnyuán!

醒醒吧! 꿈 깨!
Xǐngxǐng ba!

중국어는 같은 동사를 두 번 쓰고 끝에 **吧**를 붙이면 '좀 ~해봐'란 뜻이 됩니다. 가령 **尝**(cháng)은 '맛을 보다'란 뜻인데, **尝尝吧!**(Chángcháng ba!) 하면 '좀 먹어봐'란 뜻입니다.

★ **当** dāng ~이 되다, 맡다　**演员** yǎnyuán 배우, 연기자

CONTENTS

CHAPTER

03

격려/위로/칭찬

01

MP3 듣기

무슨 일이에요?

什么事?

[Shénme shì?]

옆 사람이 심각한 얼굴을 하고 있을 때 '무슨 일이야?' 하고 묻게 되죠? 중국어도 똑같습니다. 什么 shénme는 '무슨', '무엇'이란 뜻이고, 事 shì는 '일'이니까 什么事? Shénme shì? 하면 '무슨 일이야?'라는 의미가 됩니다.

我有话要说! 나 할 말이 있어!
Wǒ yǒu huà yào shuō.

什么事? 무슨 일이야?
Shénme shì?

이 말은 **'什么事儿?** (Shénme shìr?)'라고도 많이 해요. 베이징 등 북방 지역에서는 특정 단어 뒤에 **儿**(er)자를 붙이는 습관이 있어요.

★ **有** yǒu 있다 **话** huà 말 **要** yào ~해야 한다

'걱정하다'는 중국어로 担心 dānxīn인데, 앞에 别 bié를 붙여 别担心! Bié dānxīn! 하면 '걱정하지 마!'란 뜻입니다. 别 bié는 동사 앞에 와서 '~하지 마'라는 '금지', '명령'을 나타냅니다.

受伤的地方怎么样了?
Shòushāng de dìfang zěnmeyàng le?
다친 곳은 좀 어때요?

好多了, **别担心!** 많이 좋아졌어요. 걱정하지 마세요.
Hǎo duō le, bié dānxīn!

★ **受伤** shòushāng 다치다 **地方** dìfang 부위 **怎么样** zěnmeyàng 어떠하다 **好多** hǎo duō 꽤 많은

03 MP3 듣기

신경 쓰지 마요!

别在意!

[Bié zàiyì!]

在意 zàiyì와 在乎 zàihū는 둘 다 '마음에 두다', '신경 쓰다'란 뜻의 표현입니다. '~하지 마'는 동사 앞에 别 bié를 붙여 표현한다고 했죠? 그러니까 '신경 쓰지 마!'는 别在意! Bié zàiyì!나 别在乎! Bié zàihū!라고 하면 됩니다.

他一定生气了。 그는 분명히 화났어.
Tā yídìng shēngqì le.

别在意! 신경 쓰지 마!
Bié zàiyì!

★ **他** tā 그　**一定** yídìng 반드시, 꼭　**生气** shēngqì 화나다

04 긴장하지 마요!

别紧张!

[Bié jǐnzhāng!]

MP3 듣기

'긴장하다'는 중국어로 紧张 jǐnzhāng입니다. 한국말이랑 비슷하죠? '~하지 마'는 동사 앞에 别 bié를 쓴다는 것을 공식처럼 외워두세요. 중요한 일을 앞두고 긴장한 친구에게 别紧张! Bié jǐnzhāng! 하고 격려해 봐요.

我要表白, 好紧张!
Wǒ yào biǎobái, hǎo jǐnzhāng!
나 고백할 거야, 아주 긴장돼!

别紧张, 加油! 긴장하지 마, 화이팅!
Bié jǐnzhāng, jiāyóu!

'~하지 마'는 **别**(bié)나 **不要**(búyào)를 써서 표현합니다. 그래서 **不要紧张**(búyào jǐnzhāng)이라고 해도 같은 말이에요.

★ **表白** biǎobái 고백하다　**好** hǎo 매우, 아주

05 정말 예뻐요!

真漂亮!

[Zhēn piàoliang!]

'예쁘다'란 뜻의 漂亮 piàoliang 앞에 '정말', '진짜', '매우'란 뜻의 真 zhēn을 붙인 것으로, 예쁜 사람, 물건, 장소 등을 보았을 때 씁니다. 漂亮은 사람의 경우 주로 여자에게 쓰며, 남자의 외모를 칭찬할 때는 帅 shuài(멋있다)를 써서 真帅! Zhēn shuài!라고 합니다.

你女儿真漂亮!
Nǐ nǚ'ér zhēn piàoliang!
따님이 정말 예쁘네요!

谢谢! 고마워요!
Xièxie!

일을 아주 깔끔하게 잘 처리해서 칭찬할 때도 **漂亮** piàoliang(예쁘다)을 씁니다.

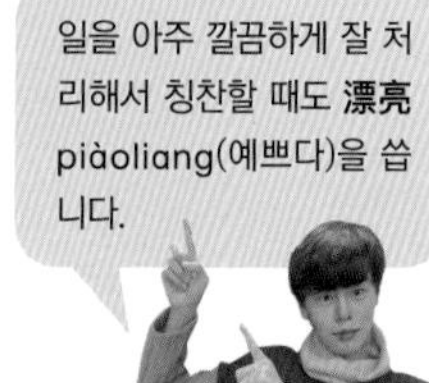

★ **女儿** nǚ'ér 딸

06

MP3 듣기

진짜 잘생겼어요!

长得真好看!

[Zhǎng de zhēn hǎokàn!]

이 표현은 '长得 zhǎng de(생긴 게, 생김새가) + 真 zhēn(진짜) + 好看 hǎokàn (보기 좋다, 아름답다)'으로 이뤄져 '진짜 잘생겼다'가 됩니다. 그런데 한국말 '잘생겼다'는 남자한테만 쓰죠? 반면 중국어의 长得真好看!은 남녀 모두에게 쓰는 표현이에요.

王大陆长得真好看!
Wáng Dàlù zhǎng de zhēn hǎokàn!
왕대륙 진짜 잘생겼다!

是吧, 羡慕啊! 그치, 부러워!
Shì ba, xiànmù a!

'동사 + 得(de) + 형용사'는 '동사한 것이 형용사하다'란 정도보어 표현입니다. 가령 **做得很好**(zuò de hěn hǎo) 하면 '잘한다'란 뜻이 됩니다.

★ **羡慕** xiànmù 부러워하다

행운을 빌어요!

祝你好运!

[Zhù nǐ hǎoyùn!]

중국어로 '행운'은 幸运 xìngyùn입니다. 그래서 '난 운이 좋다'라고 할 때 我很幸运。Wǒ hěn xìngyùn.이라고 합니다. 하지만 '행운을 빈다'고 할 때는 幸运 xìngyùn(행운)이 아니라 好运 hǎoyùn(호운, 좋은 운)을 씁니다. 祝 zhù는 '기원하다', '바라다', '빌다'란 동사로 쓰인다고 앞에서 배웠죠?

怎么办, 我第一次面试。
Zěnmebàn, wǒ dì-yī cì miànshì.
어떡하지, 나 면접 처음이야.

别紧张, 祝你好运!
Bié jǐnzhāng, zhù nǐ hǎoyùn!
긴장하지 마, 행운을 빌게!

동사 **祝** 뒤에는 행운을 바라는 대상이 들어가야 하기 때문에 **你**를 쓰고 바라는 내용인 **好运**을 씁니다.

★ **怎么办** zěnmebàn 어떻해, 어떻하지 **第一次** dì-yī cì 맨 처음, 제 1차 **面试** miànshì 면접보다

08

MP3 듣기

천천히 하세요!

慢慢来!

[Mànmān lái!]

이 말은 중국 사람들이 습관적으로 정말 많이 쓰는 표현입니다. 慢 màn은 '느리다'란 뜻의 형용사인데, 어감을 강조하기 위해 중첩해서 慢慢 mànmān(천천히)으로 쓰고, 뒤에 来 lái(~하다)를 써서 '천천히 해라', '서두르지 마라'가 된 것입니다.

舞蹈好难，不会啊!
Wǔdǎo hǎo nán, bú huì a!
춤은 어려워. 못 할 것 같아!

别担心，慢慢来!
Bié dānxīn, mànmān lái!
걱정하지 마, 천천히 해!

동사 **来**(lái)는 '오다'란 뜻이지만, 영어의 do처럼 구체적인 동사를 대신해서 '어떤 동작을 하다'라는 뜻으로도 많이 씁니다. 가령 '내가 할게'는 **我来吧。**(wǒ lái ba.)라고 합니다.

★ **舞蹈** wǔdǎo 춤　**难** nán 어렵다　**不会** bú huì ~할 줄 모르다

내가 있잖아요!

有我在!

[Yǒu wǒ zài!]

有 yǒu는 '있다', 我 wǒ는 '나', 在 zài는 '~에 있다'란 말인데, 합쳐져서 '내가 있잖아'라는 표현이 됩니다. 걱정하거나 무서워하는 친구에게 믿음직스럽게 말해 주세요. 간단한 말이지만 한국인들이 매우 낯설어하는 어순입니다. 我在가 아니라 有를 넣어서 有我在라는 것 기억하세요.

我担心完成不了项目。
Wǒ dānxīn wánchéngbuliǎo xiàngmù.
나는 프로젝트를 끝내지 못할까 봐 두려워.

别担心, 有我在!
Bié dānxīn, yǒu wǒ zài!
걱정하지 마, 내가 있잖아!

중국 여자들이 남자한테 제일 듣고 싶은 말이 바로 이 **有我在**라고 해요. 드라마에도 자주 등장하는 표현입니다.

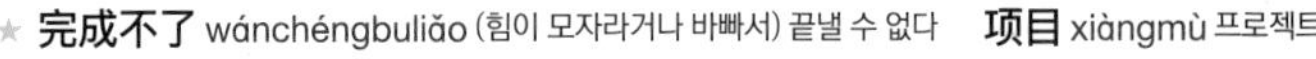

★ **完成不了** wánchéngbuliǎo (힘이 모자라거나 바빠서) 끝낼 수 없다 **项目** xiàngmù 프로젝트

MP3 듣기

다 잘 될 거예요!

一切都会好的!

[Yíqiè dōu huì hǎo de!]

걱정이나 낙담하고 있는 친구를 위로해 봐요. 会好的 huì hǎo de는 '~할 것이다'라는 예측을 나타내는 会…的 구문에 '좋다'란 뜻의 好를 넣은 것으로, '잘 될 거야'란 뜻입니다. 一切 yíqiè는 '전부', '모두'이고, 都 dōu는 '다'란 뜻입니다.

完蛋了! 망했어!
Wándàn le!

不用担心, 一切都会好的!
Búyòng dānxīn, yíqiè dōu huì hǎo de!
걱정하지 마. 다 잘 될 거야!

★ **完蛋** wándàn 끝장나다, 망하다 **不用** búyòng ~할 필요가 없다

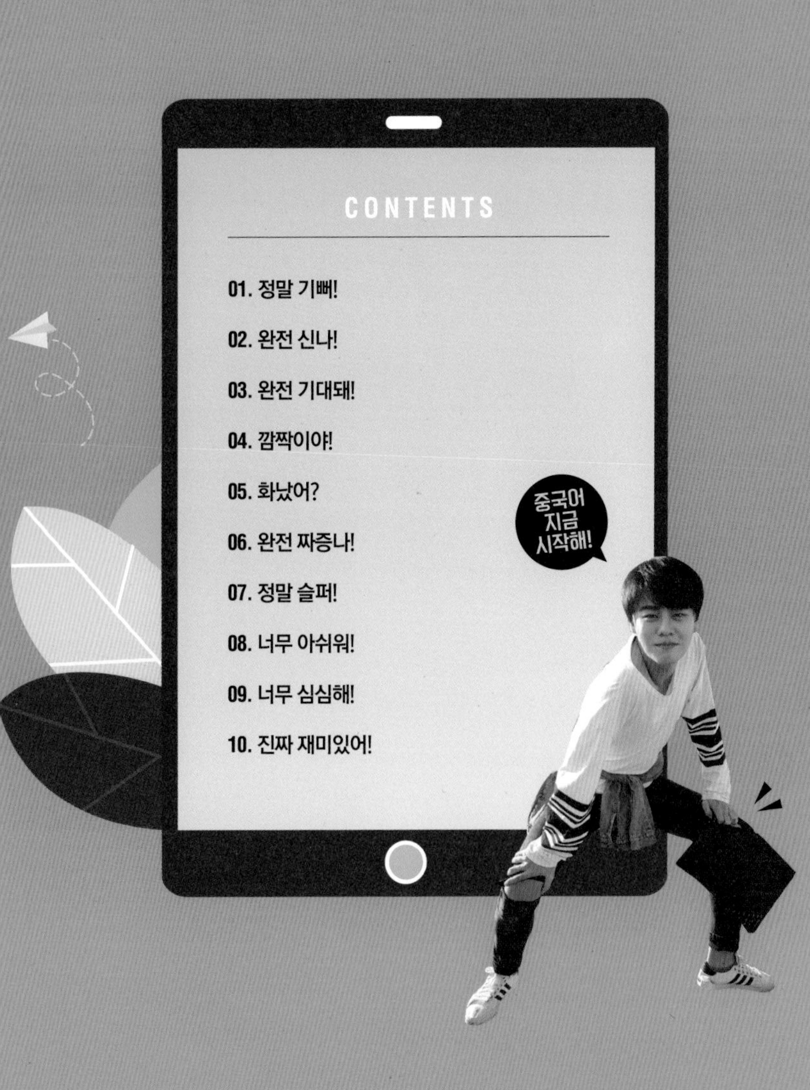

CONTENTS

CHAPTER
04

감정 중국어

01

MP3 듣기

정말 기뻐!

超开心!

[Chāo kāixīn!]

开心 kāixīn은 '기쁘다'란 뜻입니다. 开는 開(열 개)의 간체자예요. '마음을 열다'가 '기쁘다'라니 재미있죠? 超 chāo는 '뛰어넘을 초'인데, 영어의 super에 해당하는 표현으로 '초월한', '훨씬 뛰어난'이란 뜻입니다.

中彩票的感觉怎么样?
Zhòng cǎipiào de gǎnjué zěnmeyàng?
복권에 당첨된 기분이 어때?

超好, 超开心! 완전 좋아, 정말 기뻐!
Chāo hǎo, chāo kāixīn!

위 문장은 **很开心!**이나 **真开心!**이라고도 많이 해요. 다만 **超**를 쓰면 **很**이나 **真**을 쓰는 것보다 정도가 더 강조됩니다.

★ **中** zhòng 맞히다, 맞다 **彩票** cǎipiào 복권 **感觉** gǎnjué 느끼다

兴奋 xīngfèn은 '흥분(興奮)'의 간체자인데, '신나다', '흥분하다', '흥분되다'란 뜻을 나타냅니다. 兴奋 앞에 超 chāo를 쓰면 '완전 신나!'란 표현이 됩니다. 超 외에도 真 zhēn(정말), 很 hěn(아주, 매우) 등을 쓸 수 있습니다.

有什么好事吗? 看你**超兴奋**。

Yǒu shénme hǎo shì ma? Kàn nǐ chāo xīngfèn.

무슨 좋은 일 있어? 완전 신나 보이는데.

是啊! 我面试合格了。

Shì a! Wǒ miànshì hégé le.

응, 면접 시험에 합격했어.

★ **什么** shénme 무엇, 무슨 **好事** hǎo shì 좋은 일 **合格** hégé 합격하다

완전 기대돼!

好期待!

[Hǎo qīdài!]

'기대(期待)'는 중국어에서도 똑 같은 한자를 씁니다. 다만, 중국어의 期待 qīdài는 '기대하다'나 '기대되다'라는 동사로 쓰여 好期待! Hǎo qīdài! 하면 '완전 기대돼!'란 완전한 문장이 됩니다. 여기서 好 hǎo는 '아주', '정말'이란 의미로 쓰였습니다.

我马上要去中国旅游了，好期待!
Wǒ mǎshàng yào qù Zhōngguó lǚyóu le, hǎo qīdài!
나 곧 중국여행 가려고 해, 완전 기대돼!

真羡慕你，我也很想去。
Zhēn xiànmù nǐ, wǒ yě hěn xiǎng qù.
정말 부럽다. 나도 가고 싶다.

★ **马上** mǎshàng 곧, 즉시　**旅游** lǚyóu 여행, 여행하다

04

MP3 듣기

깜짝이야!

吓死我了!

[Xià sǐ wǒ le!]

한국 사람들도 '바빠 죽겠다', '배고파 죽겠다' 같은 표현들을 흔히 쓰죠? 중국어에도 똑 같은 표현이 있는데, '…死我了 …sǐ wǒ le(~해 죽겠다)'란 표현이에요. 吓 xià는 '놀라다'란 동사니까, 위 문장은 '놀라 죽겠다 → 깜짝이야'란 뜻입니다.

吓死我了，开车小心点。
Xià sǐ wǒ le, kāichē xiǎoxīn diǎn.
깜짝이야, 운전 조심하세요.

真不好意思。 정말 죄송합니다.
Zhēn bùhǎoyìsi.

'**累死我了!** Lèi sǐ wǒ le!(피곤해 죽겠다!)', '**忙死我了!** Máng sǐ wǒ le!(바빠 죽겠다!)' 등도 많이 쓰이니 함께 알아두세요!

★ **开车** kāichē 운전하다 **小心** xiǎoxīn 조심하다 **不好意思** bùhǎoyìsi 미안하다, 부끄럽다

화났어?

你生气了?

[Nǐ shēngqì le?]

生气 shēngqì는 한국말로 '화나다', '열 받다'에 해당하는데, 여기에 동작이나 변화가 완료되었음을 나타내는 조사 了 le가 붙으면 '화났다'라는 표현이 됩니다. 의문문은 본래 문장 끝에 吗 ma를 붙이지만, 회화에서는 이 吗를 생략하고 말하는 경우도 많습니다.

你生气了? 到底为什么生气?
Nǐ shēngqì le? Dàodǐ wèishénme shēngqì?
너 화났어? 도대체 왜 화가 난 거야?

你骗了我。 네가 나를 속였잖아.
Nǐ piàn le wǒ.

★ **到底** dàodǐ 도대체　**为什么** wèishénme 왜　**骗** piàn 속이다

06

MP3 듣기

완전 짜증나!

好烦!

[Hǎo fán!]

짜증나는 감정을 표현할 때 중국어로 烦 fán이란 단어가 딱입니다. 뜻은 '짜증나다', '귀찮다', '답답하다'란 뜻입니다. 여기서 好 hǎo는 '아주', '매우'란 뜻입니다.

星期六你做什么? 토요일에 뭐해?
Xīngqīliù nǐ zuò shénme?

我要上班, 好烦!
Wǒ yào shàngbān, hǎo fán!
나 출근해야 해, 완전 짜증나!

烦은 상대방을 싫어하는 것을 표현할 때도 씁니다. 그래서 **我烦你!** (Wǒ fán nǐ!) 하면 '난 네가 짜증날 정도로 싫어!'란 의미입니다.

★ **星期六** xīngqīliù 토요일 **做** zuò 하다, 일하다 **上班** shàngbān 출근하다

MP3 듣기

정말 슬퍼!

真伤心!

[Zhēn shāngxīn!]

伤心 shāngxīn은 '다칠 상(伤) + 마음 심(心)' → '마음이 다치다', 즉 '슬퍼하다'란 의미입니다. 앞에 정도를 나타내는 真 zhēn(정말)을 붙여 '정말 슬프다'라는 표현이 됩니다.

你的脸色不太好, 有什么事吗?
Nǐ de liǎnsè bú tài hǎo, yǒu shénme shì ma?
너 안색이 별로 좋지 않아, 무슨 일 있어?

我真伤心! 나 정말 슬퍼!
Wǒ zhēn shāngxīn!

★ **脸色** liǎnsè 안색, 얼굴 빛 **不太** bú tài 그다지 ~하지 않다

너무 아쉬워!

太可惜了!

[Tài kěxī le!]

可惜 kěxī는 '섭섭하다', '아쉽다', '아깝다' 등의 여러 가지 의미가 있어요. 헤어지기 아쉬운 감정, 버리기 아까운 감정 모두 可惜로 표현할 수 있습니다. 太 tài는 '너무'란 뜻인데, '太…了! Tài…le!(너무 ~하다)'의 형태로 자주 쓰입니다.

我下个月回中国。 저 다음 달에 중국으로 돌아가요.
Wǒ xià ge yuè huí Zhōngguó.

哎呀, 太可惜了! 이런, 너무 아쉽네요.
Āiyā, tài kěxī le.

★ **下个月** xià ge yuè 다음 달 **哎呀** āiyā 이런(아쉬움을 나타냄)

너무 심심해!

太无聊了!

[Tài wúliáo le!]

无聊 wúliáo는 '없다'란 뜻의 无에 '얘기하다', '대화하다'란 뜻의 聊가 붙어 '심심하다'란 표현이 된 것입니다. 할 말이 없는 건 심심한 건가 봐요.

在家休息感觉怎么样?
Zài jiā xiūxi gǎnjué zěnmeyàng?
집에서 쉬니까 어때요?

3天都在家, 太无聊了!
Sān tiān dōu zài jiā, tài wúliáo le!
3일 동안 집에 있으니 너무 심심해요!

无聊는 내 기분이 심심한 것도 표현하지만, 재미없는 사람을 나타낼 때도 씁니다. 그래서 **他很无聊!** (Tā hěn wúliáo!) 하면 '그는 너무 재미없어!'란 뜻이에요.

★ **休息** xiūxi 휴식하다 **感觉** gǎnjué 느끼다 **天** tiān 날, 일

10

진짜 재미있어!

很有趣!

[Hěn yǒuqù!]

趣 qù는 '재미'란 뜻이에요. 그래서 '재미있다'는 有 yǒu(있다)를 써서 有趣 yǒuqù, '재미없다'는 没 méi(없다)를 써서 没有趣 méi yǒuqù라고 합니다. 또는 앞에서 배운 '없다'라는 뜻의 无 wú를 써서 无趣 wúqù도 '재미없다'는 뜻이 됩니다.

这部电影怎么样? 이 영화 어때?
Zhè bù diànyǐng zěnmeyàng?

很有趣! 진짜 재미있어!
Hěn yǒuqù!

★ **部** bù 편(영화를 세는 단위)　**电影** diànyǐng 영화

CONTENTS

★ CHAPTER ★

05

중국어로 자기 소개

01 제 이름은 왕심린입니다.

我叫王心遴。

[Wǒ jiào Wáng Xīnlín.]

자기 소개의 첫 시작은 자신의 이름을 말하는 것이죠? 이름을 말할 때는 동사 叫 jiào(~라고 부르다)를 써서 '我叫 wǒ jiào + 자기 이름'의 형태로 말하면 됩니다.

你叫什么名字? 너는 이름이 뭐야?
Nǐ jiào shénme míngzi?

我叫王心遴。 나는 왕심린이라고 해.
Wǒ jiào Wáng Xīnlín.

★ **名字** míngzi 이름

나이를 물을 때는 你今年多大? Nǐ jīnnián duō dà?라고 묻습니다. '당신은 올해 (나이가) 몇인가요?'란 뜻입니다. 대답할 때는 岁 suì(살, 세)를 써서, '我今年…岁。Wǒ jīnnián…suì.(저는 올해 ~살입니다.)' 하면 되는데, 말할 때는 보통 주어인 我를 생략하고 말합니다.

你今年多大? 올해 몇 살이에요?
Nǐ jīnnián duō dà?

今年二十岁。 올해 20살이에요.
Jīnnián èrshí suì.

중국어에는 존댓말이 없기 때문에, 보통 중국 사람들끼리 자기소개를 할 때는 나이를 말하는 경우가 많지 않아요.

★ **多大** duō dà 얼마인가

03 MP3 듣기

저는 뱀띠예요.

我属蛇。

[Wǒ shǔ shé.]

중국에서 자기 소개할 때 나이 얘기는 별로 안 한다고 했는데, 자신의 띠를 말하는 경우는 종종 있어요. 属 shǔ는 '무리 속'이라는 한자인데, '~띠이다'란 뜻이 있어요. 그래서 '我属 wǒ shǔ + 띠이름' 하면 '저는 ~띠예요'가 됩니다. 蛇 shé는 '뱀'이라는 뜻입니다.

你属什么? 당신은 무슨 띠예요?
Nǐ shǔ shénme?

我属蛇。 저는 뱀띠예요.
Wǒ shǔ shé.

쥐(鼠 shǔ) – 소(牛 niú) – 호랑이(虎 hǔ) – 토끼(兔 tù) – 용(龙 lóng) – 뱀(蛇 shé) – 말(马 mǎ) – 양(洋 yáng) – 원숭이(猴 hóu) – 닭(鸡 jī) – 개(狗 gǒu) – 돼지(猪 zhū)

★ **什么** shénme 어떤, 무슨

04

MP3 듣기

저는 대학생입니다.

[Wǒ shì dàxuéshēng.]

'나는 ~이다'란 표현은 '我是 wǒ shì…' 구문을 써서 표현할 수 있습니다. '학생'은 学生 xuésheng으로 生 sheng이 경성인데, '대학생'이라고 할 때는 大学生 dàxuéshēng으로 生 shēng이 1성으로 발음됩니다.

'고등학생'은 **高中生**(gāozhōngshēng), '중학생'은 **初中生**(chūzhōngshēng), '초등학생'은 **小学生**(xiǎoxuéshēng)이라고 하는 것도 함께 알아두세요.

你做什么工作?
Nǐ zuò shénme gōngzuò?
당신은 어떤 일을 하세요?

我是大学生。 전 대학생입니다.
Wǒ shì dàxuéshēng.

05

MP3 듣기

저는 은행에 다닙니다.

我在银行上班。

[Wǒ zài yínháng shàngbān.]

직업을 말할 때 '~에 다닌다'고도 말하죠? 중국어로는 '在…上班' 구문을 써서 표현합니다. 在 zài는 장소 앞에 붙어 '~에'라는 뜻이고, 上班 shàngbān은 '출근하다'란 뜻입니다. 반대로 下班 xiàbān하면 '퇴근하다'란 뜻입니다.

你在哪儿工作? 어디서 일해?
Nǐ zài nǎr gōngzuò?

我在银行上班。 나는 은행에 다녀.
Wǒ zài yínháng shàngbān.

上学(shàngxué)는 '등교하다', '입학하다'란 뜻이고, **下学**(xiàxué)는 '하교하다'란 뜻입니다.

★ **哪儿** nǎr 어디, 어느 곳 **银行** yínháng 은행

06 제 취미는 등산이에요.

MP3 듣기

我的兴趣是登山。

[Wǒ de xìngqù shì dēngshān.]

자기 소개할 때 '취미'에 대한 얘기도 많이 하죠? '취미'는 중국어로 兴趣 xīngqù 또는 爱好 àihào라고 합니다. 그래서 '내 취미는 ~야'라고 하려면 '我的兴趣(爱好)是…' 구문을 써서 표현하면 됩니다. 또는 그냥 '좋아하다'란 뜻의 동사 喜欢 xǐhuan을 써서 我喜欢登山。 Wǒ xǐhuan dēngshān.(나는 등산을 좋아한다.)이라고 해도 되겠죠?

你的兴趣是什么? 너는 취미가 뭐야?
Nǐ de xìngqù shì shénme?

我的兴趣是登山。
Wǒ de xìngqù shì dēngshān.
내 취미는 등산이야.

대표적인 취미 '영화 보기'는 **看电影**(kàn diànyǐng), '음악 듣기'는 **听音乐**(tīng yīnyuè), '독서'는 **看书**(kàn shū), '운동'은 **运动**(yùndòng)이랍니다.

★ **登山** dēngshān 등산하다(= 爬山)

제 꿈은 배우예요.

我的梦想是演员。

[Wǒ de mèngxiǎng shì yǎnyuán.]

중국어에서는 잠 잘 때 꾸는 '꿈'은 梦 mèng이라고 하고, 장래희망을 이야기하는 '꿈'은 梦想 mèngxiǎng이라고 구분해서 사용합니다. 演员 yǎnyuán은 '연기자', '배우'란 뜻이에요. 참고로 '연예인'은 艺人 yìrén이라고 하거나 '스타'라는 뜻에서 明星 míngxīng이란 표현을 씁니다.

你的梦想是什么？ 너는 꿈이 뭐야?
Nǐ de mèngxiǎng shì shénme?

我的梦想是演员。 내 꿈은 배우야.
Wǒ de mèngxiǎng shì yǎnyuán.

중국어에서 잘 때 꾸는 '꿈'을 **梦**이라고 한다고 했죠. '꿈을 꾸다'는 **做梦**(zuò mèng)인 것도 함께 알아두세요.

★ **梦想** mèngxiǎng 꿈 **演员** yǎnyuán 배우

08 중국어 배운 지 1년 됐어요.

MP3 듣기

学汉语一年了。

[Xué Hànyǔ yì nián le.]

'동사 + (了) + 시량보어 + 了'는 '~한 지 ~되었다', '~동안 ~했다'라는 표현으로, '지금도 하고 있다'는 의미입니다. 따라서 위 문장은 '중국어를 1년 배웠고 계속 배우고 있음'을 나타냅니다. 반면 '동사 + 了 + 시량보어' 하면 동작이 '완료'되어 '지금은 안 하는 것'입니다. 참고로 시량보어는 '시간의 양'을 나타내는 보어를 가리킵니다.

学汉语多长时间了?
Xué Hànyǔ duōcháng shíjiān le?
중국어 얼마나 배웠어요?

学汉语一年了。
Xué Hànyǔ yì nián le.
중국어 배운 지 1년 됐어요.

'중국어'를 가리키는 말에는 **汉语**(Hànyǔ)를 포함해 5~6가지 단어가 있는데, 그중 **汉语**(Hànyǔ), **中文**(Zhōngwén), **中国话**(Zhōngguóhuà) 이 세 단어를 제일 많이 사용합니다.

★ **多长时间** duōcháng shíjiān 얼마 동안, 얼마나

저는 누나 한 명과 남동생 한 명이 있어요.

我有一个姐姐，一个弟弟。

[Wǒ yǒu yí ge jiějie, yí ge dìdi.]

'我有 wǒ yǒu …' 하면 '나는 ~이 있다'란 구문이고, 个 gè(홀로 쓰일 때는 4성)는 사물이나 사람을 셀 때 쓰는 양사입니다. 가족을 부르는 중국어 호칭은 간단해요. '언니', '누나'는 모두 姐姐 jiějie, '형', '오빠'는 모두 哥哥 gēge라고 부릅니다. '여동생'은 妹妹 mèimei, '남동생'은 弟弟 dìdi예요.

你有几个兄弟姐妹？
Nǐ yǒu jǐ ge xiōngdi jiěmèi?
너는 형제 자매가 몇 명이야?

我有一个姐姐，一个弟弟。
Wǒ yǒu yí ge jiějie, yí ge dìdi.
나는 누나 한 명과 남동생 한 명이 있어.

한국어 배울 때 '언니', '누나', '형', '오빠'는 정말 헷갈려요. 저도 방송에서 '오빠'란 표현을 썼다가 사람들이 막 웃었던 경험이 여러 번 있어요.

★ **几** jǐ 몇 **兄弟** xiōngdi 형제 **姐妹** jiěmèi 자매

10 저는 요리 솜씨가 괜찮아요.

我厨艺不错。

[Wǒ chúyì búcuò.]

중국 사람들은 자기 자신에 대해 말할 때는 뭔가를 '잘한다'라고 말하지 않고, '나쁘지 않다', '괜찮다' 정도로 말해요. 즉, 남을 칭찬할 때는 好 hǎo(좋다), 厉害 lìhai(대단하다), 棒 bàng(훌륭하다) 등의 표현을 많이 쓰지만, 자신에 대해서는 不错 búcuò(괜찮다), 还行 háixíng(그런대로 괜찮다), 不太差 bútài chà(그다지 나쁘지 않다)를 씁니다.

我厨艺不错。 저는 요리 솜씨가 괜찮아요.
Wǒ chúyì búcuò.

真的吗？以后一定要尝尝你的手艺。
Zhēn de ma? Yǐhòu yídìng yào chángchang nǐ de shǒuyì.
정말요? 그럼 다음에 요리 솜씨를 꼭 보여줘요.

★ **厨艺** chúyì 요리 솜씨 **以后** yǐhòu 이후 **一定** yídìng 반드시 **尝** cháng 맛보다 **手艺** shǒuyì 솜씨

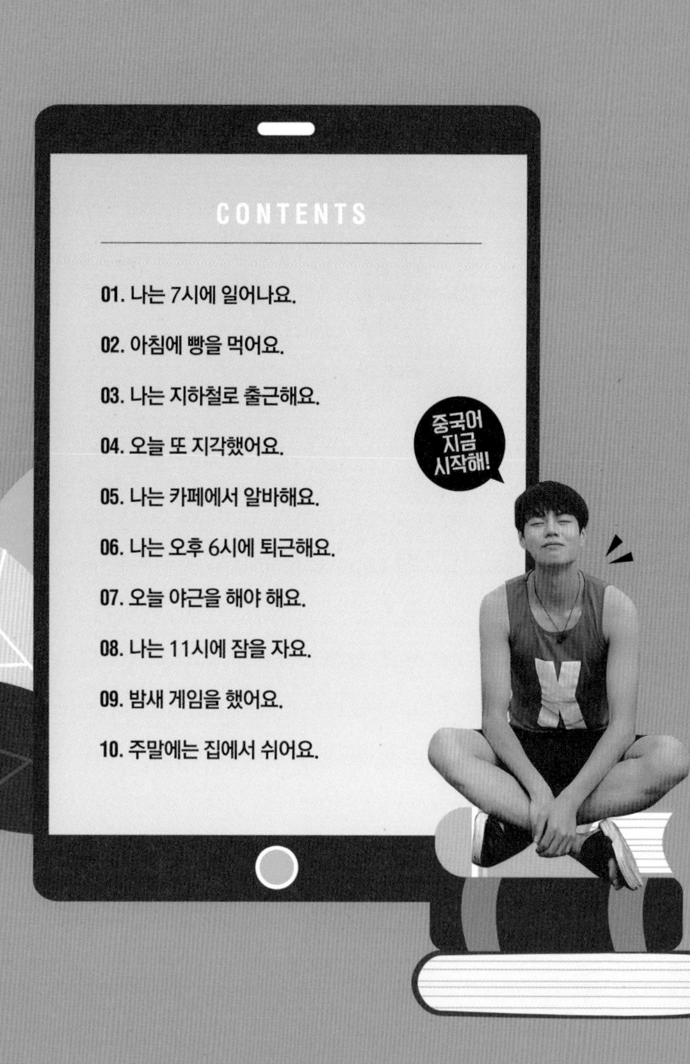
CONTENTS
01. 나는 7시에 일어나요.
02. 아침에 빵을 먹어요.
03. 나는 지하철로 출근해요.
04. 오늘 또 지각했어요.
05. 나는 카페에서 알바해요.
06. 나는 오후 6시에 퇴근해요.
07. 오늘 야근을 해야 해요.
08. 나는 11시에 잠을 자요.
09. 밤새 게임을 했어요.
10. 주말에는 집에서 쉬어요.
중국어
지금
시작해!

CHAPTER 06

하루 일과

나는 7시에 일어나요.

我七点起床。

[Wǒ qī diǎn qǐchuáng.]

아침 일과는 일단 일어나는 데서 시작하죠? '일어나다', '기상하다'는 起床 qǐchuáng으로, 起 qǐ는 '일어나다'이고 床 chuáng은 '침대'란 뜻입니다. '○시 ○분' 할 때 '시'는 点 diǎn, '분'은 分 fēn을 씁니다.

你几点起床? 몇 시에 일어나세요?
Nǐ jǐ diǎn qǐchuáng?

我七点起床。 7시에 일어납니다.
Wǒ qī diǎn qǐchuáng.

早上(zǎoshang 아침), **上午**(shàngwǔ 오전), **中午**(zhōngwǔ 점심), **下午**(xiàwǔ 오후), **晚上**(wǎnshang 저녁)도 함께 알아두세요.

★ **几** jǐ 몇　**七** qī 7

02 아침에 빵을 먹어요.

早上吃面包。

[Zǎoshang chī miànbāo.]

중국인들은 아침식사를 요리하지 않고 주로 출근하거나 등교하면서 밖에서 사먹습니다. 저는 주로 아침에 빵을 먹는데, '빵'은 중국어로 面包 miànbāo라고 합니다. '面 miàn(밀가루) + 包 bāo(싸다)'로 이뤄져 '밀가루로 싸다 → 빵'이란 의미가 됩니다.

你早上吃什么? 너 아침에 뭐 먹어?
Nǐ zǎoshang chī shénme?

我一般早上吃面包。 나는 보통 아침에 빵을 먹어.
Wǒ yìbān zǎoshang chī miànbāo.

★ **早上** zǎoshang 아침　**一般** yìbān 일반적이다, 보통이다

03 나는 지하철로 출근해요.

MP3 듣기

我坐地铁上班。

[Wǒ zuò dìtiě shàngbān.]

'~을 타고 ~하다'는 '坐 + 교통수단 + 동사' 구문을 기억하세요. 坐 zuò는 '앉다'란 뜻인데, 지하철이나 버스는 앉아서 타기 때문에 坐를 써서 표현합니다. '지하철'은 地铁 dìtiě, '버스'는 公共汽车 gōnggòng qìchē, '택시'는 出租车 chūzūchē라고 합니다. '출근하다'는 上班 shàngbān입니다.

我坐地铁上班, 你呢? 나는 지하철로 출근해, 너는?
Wǒ zuò dìtiě shàngbān, nǐ ne?

我一般步行去。 나는 보통 걸어서 가.
Wǒ yìbān bùxíng qù.

★ **步行** bùxíng 걷다

04 오늘 또 지각했어요.

今天又迟到了。

[Jīntiān yòu chídào le.]

'지각'은 중국어로 迟到 chídào라고 해요. 迟는 '늦다'이고, 到는 '도착하다'니까 '늦게 도착하다 → 지각하다'라는 의미가 됩니다. 又 yòu는 '또', '다시'란 뜻으로 과거의 동작이 반복될 때 쓰죠. 了 le는 동사나 형용사 뒤에 붙어 동작이나 변화가 이미 완료되었음을 나타냅니다.

我今天又迟到了。
Wǒ jīntiān yòu chídào le.
나는 오늘 또 지각했어.

你哪天不迟到?
Nǐ nǎ tiān bù chídào?
네가 지각하지 않는 날이 있니?

'앞으로 절대 지각하지 않을 거야!'란 뜻의 **再也不迟到了!**도 함께 외워봐요. **再也不…了**(zài yě bù… le)는 '다시는 ~하지 않다'란 표현입니다.

★ **今天** jīntiān 오늘 **哪** nǎ 어느 **天** tiān 날, 일

나는 카페에서 알바해요.

我在咖啡厅打工。

[Wǒ zài kāfēitīng dǎgōng.]

'알바'는 중국어로 打工 dǎgōng입니다. 흔히 카페 알바 많이들 하시죠? '카페', '커피숍'은 咖啡厅 kāfēitīng이라고 하는데, 이때 咖啡 kāfēi는 '커피'를 가리키는 말입니다. '~에서 알바하다'는 '在 + 장소 + 打工' 구문으로 표현합니다. 장소 앞에 쓰는 在 zài는 '~에서'란 뜻이에요.

你打什么工? 너 무슨 알바해?
Nǐ dǎ shénme gōng?

我在咖啡厅打工。 나는 카페에서 알바해.
Wǒ zài kāfēitīng dǎgōng.

★ 什么 shénme 어떤, 무슨

06

나는 오후 6시에 퇴근해요.

MP3 듣기

我下午6点下班。

[Wǒ xiàwǔ liù diǎn xiàbān.]

'출근하다'는 上 shàng(오르다)을 써서 上班 shàngbān이라고 했죠? 그럼 '퇴근하다'는 뭐라고 할까요? 네, 맞아요! 下 xià(내리다)를 써서 下班 xiàbān이라고 하면 됩니다. '~시'는 '숫자 + 点 diǎn'을 쓰면 돼요. 단 '2시'는 숫자 대신 两点 liǎng diǎn이라고 하니까 주의하세요.

你几点下班? 너 몇 시에 퇴근해?
Nǐ jǐ diǎn xiàbān?

我下午6点下班。
Wǒ xiàwǔ liù diǎn xiàbān.
나는 오후 6시에 퇴근해.

한국은 9-6시 근무가 일반적이죠? 하지만 중국 회사는 보통 8:30에 출근해서 5:30에 퇴근합니다.

★ **下午** xiàwǔ 오후

오늘 야근을 해야 해요.

今天要加班。

[Jīntiān yào jiābān.]

班 bān은 '나눌 반'인데, 중국어에서는 '반', '조', '그룹'이란 뜻 말고 '근무'라는 뜻이 있어요. 그래서 '추가하다', '더하다'란 뜻의 加 jiā를 앞에 써서 加班 jiābān하면 '초과근무를 하다', '시간 외 근무를 하다', '야근하다'란 뜻이 됩니다. 要 yào는 '~을 해야 하다'라는 의미예요.

我们去酒吧喝一杯吧。 우리 술집 가서 한 잔 해요.
Wǒmen qù jiǔbā hē yì bēi ba.

对不起，今天要加班。 미안해요, 오늘 야근을 해야 돼요.
Duìbuqǐ, jīntiān yào jiābān.

★ **我们** wǒmen 우리 **酒吧** jiǔbā 술집 **喝** hē 마시다 **杯** bēi 잔(컵을 세는 단위)

08

MP3 듣기

나는 11시에 잠을 자요.

我十一点睡觉。

[Wǒ shíyī diǎn shuìjiào.]

이번에는 '자다'라는 표현을 익혀볼게요. '잠을 자다'는 중국어로 睡觉 shuìjiào라고 합니다. '일어나다', '기상하다'란 뜻의 起床 qǐchuáng과 세트로 기억해 두세요. '11시'는 十一点 shíyī diǎn이라고 합니다. 참고로 '2시'는 两点 liǎngdiǎn이라고 하지만, '12시'는 十二点 shí'èr diǎn입니다.

你怎么还不睡觉? 너 왜 아직도 안 자니?
Nǐ zěnme hái bú shuìjiào?

我十一点睡觉，再干点儿活。
Wǒ shíyī diǎn shuìjiào, zài gàn diǎnr huó.
일 좀 더 하고 11시에 잘 거야.

★ **还** hái 아직　**再** zài 더　**干活** gànhuó 일하다

MP3 듣기

밤새 게임을 했어요.

通宵打游戏。

[Tōngxiāo dǎ yóuxì.]

게임 좋아하세요? '게임'은 중국어로 游戏 yóuxì인데, 동사 打 dǎ를 써요. 打는 '치다'라는 의미로, 주로 손으로 하는 동사나 명사에 쓰입니다. 그래서 '게임을 하다'는 打游戏 dǎ yóuxì라고 합니다. 通宵는 '通 tōng(통과하다) + 宵 xiāo(밤)'로 이뤄져 '밤을 통과하다 → 밤새다'라는 의미가 됩니다.

你看起来有点累。 너 좀 피곤해 보여.
Nǐ kànqǐlái yǒudiǎn lèi.

是的。其实我通宵打游戏了。
Shì de. Qíshí wǒ tōngxiāo dǎ yóuxì le.
응. 실은 밤새 게임을 했어.

★ **看起来** kànqǐlái 보아하니 **有点** yǒudiǎn 조금, 약간 **累** lèi 피곤하다 **其实** qíshí 사실은, 실은

'주말'은 周末 zhōumò라고 합니다. 休息 xiūxi는 '쉬다', '휴식을 취하다'란 뜻입니다. 참고로 중국어의 '월~금'은 '주'를 나타내는 星期 xīngqī 뒤에 숫자를 붙여 星期一 xīngqīyī, 星期二 xīngqī'èr, 星期三 xīngqīsān, 星期四 xīngqīsì, 星期五 xīngqīwǔ, 星期六 xīngqīliù라고 하고, '일요일'만 星期天 xīngqītiān으로 다르게 말합니다.

你每天都加班，什么时候才能休息？
Nǐ měitiān dōu jiābān, shénme shíhou cái néng xiūxi?
매일 이렇게 야근하는데 언제 쉴 수 있어요?

周末可以在家休息。 주말에는 집에서 쉴 수 있어요.
Zhōumò kěyǐ zài jiā xiūxi.

★ 才 cái 비로소　能 néng ~할 수 있다　可以 kěyǐ ~할 수 있다　家 jiā 집

CONTENTS

중국어 지금 시작해!

CHAPTER 07

공항/호텔/교통

여행하러 왔어요.

MP3 듣기

我是来旅游的。

[Wǒ shì lái lǚyóu de.]

중국 공항에 도착하면 입국 심사를 받아야겠죠? 이때 '여권(护照 hùzhào)'만 잘 보여주면 대부분 무사통과인데요, 간혹 중국 방문의 목적을 물을 수도 있으니 당황하지 않게 표현을 익혀 보세요. '여행'은 旅游 lǚyóu라고 합니다.

你来中国的目的是什么?
Nǐ lái Zhōngguó de mùdì shì shénme?
중국 방문 목적은 무엇입니까?

我是来旅游的。 여행하러 왔어요.
Wǒ shì lái lǚyóu de.

위 문장은 '**是…的**(shì…de)' 강조 구문이 사용되었는데요, **是…的** 구문은 '이미 발생한 행위의 시간, 장소, 방식, 목적 등을 '강조'할 때 사용되는 문장입니다.

★ **目的** mùdì 목적

02 체크인하려고 해요.

我要办理入住。

[Wǒ yào bànlǐ rùzhù.]

MP3 듣기

'체크인하다'는 办理入住 bànlǐ rùzhù라고 해요. 办理 bànlǐ는 '처리하다'이고 入住 rùzhù는 '숙박하다'니까 '숙박을 처리하다 → 체크인하다'가 됩니다. 참고로 '호텔'은 酒店 jiǔdiàn 또는 饭店 fàndiàn이라고 합니다. 한자로 '주점', '반점'이라니 신기하죠?

你好, 我要办理入住。 안녕하세요, 체크인하려고 해요.
Nǐ hǎo, wǒ yào bànlǐ rùzhù.

你好, 请稍等一下。 안녕하세요, 잠시만 기다리세요.
Nǐ hǎo, qǐng shāo děng yíxià.

★ **稍** shāo 잠시, 잠깐　**等** děng 기다리다

03 체크아웃할게요.

MP3 듣기

我要退房。

[Wǒ yào tuìfáng.]

체크아웃은 체크인보다 더 간단합니다. '체크아웃하다'는 退(물러날 퇴)와 房(방 방)을 써서 退房 tuìfáng이라고 합니다. '방에서 물러나다'니까 '체크아웃하다'란 의미가 되겠죠?

我要退房。 체크아웃할게요.
Wǒ yào tuìfáng.

好的, 请给我房卡。
Hǎo de, qǐng gěi wǒ fángkǎ.
네. 저에게 방 열쇠를 주세요.

체크아웃시 방 번호를 물어볼 수도 있으니 '방 번호'란 뜻의 **房间号码**(fángjiān hàomǎ)란 표현도 함께 익혀 두세요.

★ **给** gěi ~에게 **房卡** fángkǎ 방 열쇠

여기서 만리장성까지 어떻게 가나요?

从这里到长城怎么走?

[Cóng zhèli dào Chángchéng zěnme zǒu?]

길을 찾아갈 때 쓰는 표현입니다. 从A到B cóng A dào B는 'A에서 B까지'란 뜻으로 시간이나 장소의 범위를 나타내는 표현입니다. 방법을 묻는 '어떻게 가죠?'는 '怎么 zěnme(어떻게) + 走 zǒu(걷다, 가다)'라고 표현합니다.

从这里到长城怎么走?
Cóng zhèli dào Chángchéng zěnme zǒu?
여기서 만리장성까지 어떻게 가나요?

你要坐地铁去。 전철 타고 가야 해요.
Nǐ yào zuò dìtiě qù.

★ **从** cóng ~부터 **这里** zhèli 여기 **到** dào ~까지 **地铁** dìtiě 지하철

이 지하철은 왕푸징에 가나요?

这个地铁去王府井吗?

[Zhè ge dìtiě qù Wángfǔjǐng ma?]

이용하려는 대중교통이 목적지에 가는지 확인하는 표현입니다. '지하철'은 地铁 dìtiě인데, '이 지하철'이라고 할 때 这个地铁 zhè ge dìtiě로 양사 个를 넣어 말합니다. 베이징 지하철, 그 중에서도 2호선은 정말 복잡하니 타기 전에 한 번 물어보고 타는 것을 추천드려요.

这个地铁去王府井吗?
Zhè ge dìtiě qù Wángfǔjǐng ma?
이 지하철은 왕푸징에 가나요?

不去, 你到对面去坐吧。
Bú qù, nǐ dào duìmiàn qù zuò ba.
안 가요, 건너가서 반대편에서 타세요.

왕푸징(**王府井**)은 베이징 최대의 번화가로, 한국의 명동처럼 다양한 길거리 음식을 맛볼 수 있어요.

★ **到** dào 도착하다 **对面** duìmiàn 반대편, 맞은편

06 잘못 탔어요.

坐错了。

[Zuò cuò le.]

MP3 듣기

错 cuò는 '틀리다', '맞지 않다', '나쁘다'라는 뜻인데, '동사 + 错了' 하면 '잘못 ~했다'라는 표현이 됩니다. 그래서 坐错了 zuò cuò le 하면 '잘못 탔다', 看错了 kàn cuò le 하면 '잘못 봤다', 听错了 tīng cuò le 하면 '잘못 들었다'라는 표현이 됩니다.

这个车到王府井吗?
Zhè ge chē dào Wángfǔjǐng ma?
이 차 왕푸징 가나요?

你坐错了。 잘못 탔어요.
Nǐ zuò cuò le.

'교통수단을 타다'라고 할 때 동사 坐(zuò)를 쓰는 것도 꼭 기억하세요.

★ **车** chē 차, 버스

젠궈먼에서 갈아타요.

在建国门换乘。

[Zài Jiànguómén huànchéng.]

지하철을 타고 갈 때는 환승역을 놓치지 않는 게 중요해요. 在…换乘 zài…huànchéng은 '~에서 갈아타다'라는 표현이에요. '换 huàn(바꿀 환) + 乘 chéng (탈 승)'으로 이뤄져 말 그대로 '갈아타다', '환승하다'라는 표현이 됩니다.

北京大学怎么去? 베이징대학교에 어떻게 가요?
Běijīng dàxué zěnme qù?

在建国门换乘。 젠궈먼에서 갈아타세요.
Zài Jiànguómén huànchéng.

★ **北京大学** Běijīng dàxué 베이징 대학교 **怎么** zěnme 어떻게

08 왕푸징까지 몇 정거장 남았어요?

MP3 듣기

到王府井还有几站?

[Dào Wángfǔjǐng háiyǒu jǐ zhàn?]

站 zhàn은 '정거장', '역'이라는 뜻입니다. 한국 사람들은 '몇 정거장이 남았냐'고 물어보잖아요. 하지만 중국 사람들은 '몇 정거장이 더 있냐'고 물어봐요. 그래서 '아직 더 있다'란 뜻의 还有 háiyǒu를 써서 표현합니다. '~까지'는 '到 dào + 장소'를 쓴다고 앞에서 배웠죠?

到王府井还有几站? 왕푸징까지 몇 정거장 남았어요?
Dào Wángfǔjǐng háiyǒu jǐ zhàn?

还要很久。 아직 멀었어요.
Hái yào hěn jiǔ

★ **久** jiǔ 오래다, 시간이 길다

09

MP3 듣기

택시 타요.

打车吧。

[Dǎ chē ba.]

한국어는 '택시를 타다'도 있고 '택시를 잡다'도 있죠? 중국어로는 딱 두 글자 打车 dǎ chē라고 하면 됩니다. 참 간단하죠? 동사 打는 중국어에서 '치다', '때리다', '~을 하다'라는 의미를 나타내는 데, 여기서는 '치다', '때리다'란 의미로 쓰였어요. 조금 이상하지만 중국어 표현의 습관이니 꼭 익히세요. 吧 ba는 '상의', '제안', '명령', '독촉' 등의 어감을 나타내는 어기조사입니다.

太远了，打车吧。 너무 멀어, 택시 타자.
Tài yuǎn le, dǎ chē ba.

好主意。 좋은 생각이야.
Hǎo zhǔyi.

★ **太…了** tài…le 너무 ~하다　**远** yuǎn 멀다　**主意** zhǔyi 생각, 방법

10

공항으로 가 주세요.

去机场。

[Qù jīchǎng.]

MP3 듣기

'~로 가 주세요'라는 표현은 '去 qù + 장소'로, '去' 뒤에 목적지만 말하면 됩니다. 중국어에는 존댓말이 없으므로 편하게 사용하면 됩니다. 참고로 택시 기사를 부를 때 师傅 shīfu라고 하는데요, '사부'라는 한자를 사용해 '스승님'이란 뜻이라고 생각할 수 있지만, '기사님'이란 뜻입니다.

您要去哪儿? 어디로 가세요?
Nín yào qù nǎr?

师傅, 我赶时间, 快点去机场。
Shīfu, wǒ gǎn shíjiān, kuài diǎn qù jīchǎng.
기사님, 시간이 급하니 공항으로 빨리 가 주세요.

★ **赶** gǎn 서두르다 **时间** shíjiān 시간 **快** kuài 빨리

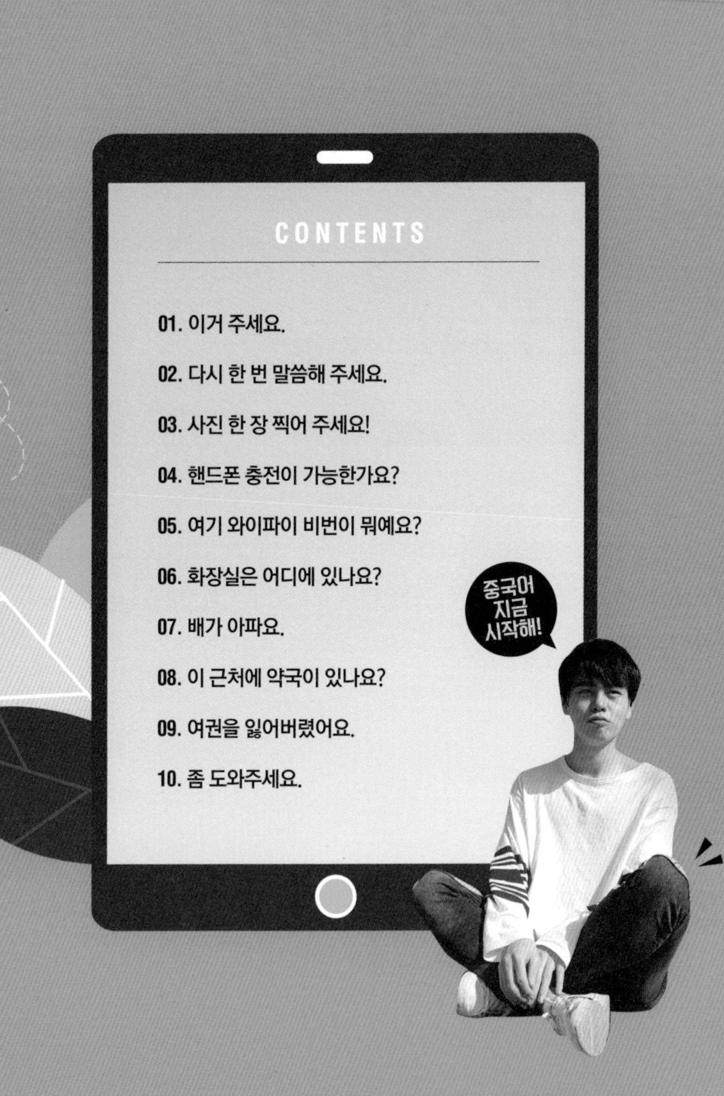

CONTENTS

CHAPTER
08

관광 중국어

이거 주세요.

请给我这个。

[Qǐng gěi wǒ zhè ge.]

식당, 가게, 편의점 등 어디서든 사용할 수 있는 만능 표현입니다. '请给我 Qǐng gěi wǒ …'는 말 그대로 '(저에게)~를 주세요'란 뜻으로 Please give me에 해당합니다. 这个 zhè ge 발음은 '저거'지만, 뜻은 '이거'랍니다.

您要点菜吗? 주문하시겠어요?
Nín yào diǎncài ma?

请给我这个。 이거 주세요.
Qǐng gěi wǒ zhè ge.

★ **点菜** diǎncài 요리를 주문하다

02 다시 한 번 말씀해 주세요.

再说一遍。

[Zài shuō yí biàn.]

중국어에서 '다시 한 번 말해주다'는 '再说 zài shuō(다시 말하다) + 一遍 yí biàn(한 번)'으로 이뤄졌습니다. 또는 说 대신에 '말하다', '이야기하다'란 뜻의 동사 讲 jiǎng을 써서 再讲一遍。Zài jiǎng yí biàn.이라고 해도 같은 의미입니다.

我听不懂, 再说一遍。
Wǒ tīngbudǒng, zài shuō yí biàn.
못 알아듣겠어요. 다시 한 번 말씀해 주세요.

好的, 我慢慢说吧。
Hǎo de, wǒ mànmān shuō ba.
알았어요, 천천히 말할게요.

'~할 수 있나요?'란 뜻의 **能…吗?** (néng…ma?)를 덧붙여 **能再说一遍吗?** (다시 한 번 말씀해 주실 수 있으세요?) 하면 보다 정중한 표현이 됩니다.

★ **听不懂** tīngbudǒng 알아들을 수 없다 **慢** màn 느리다

사진 한 장 찍어 주세요!

MP3 듣기

请帮我拍张照!

[Qǐng bāng wǒ pāi zhāng zhào!]

拍照 pāizhào는 '사진을 찍다'란 뜻의 이합동사, 즉 '동사 + 목적어'로 이루어진 동사입니다. 이러한 동사 사이에는 중간에 다른 요소가 들어갈 수 있습니다. 위 문장에서는 양사 张 zhāng이 들어가서 '사진 한 장 찍다'라는 의미가 됩니다.

请帮我拍张照!
Qǐng bāng wǒ pāi zhāng zhào!
사진 한 장 찍어 주세요!

好的, 告诉我怎么拍。
Hǎo de, gàosu wǒ zěnme pāi.
네, 찍는 방법을 알려주세요.

'사진 한 장'은 원래 **一张照**인데, 양사 앞의 **一**는 주로 생략됩니다. 한국어에서 '일백원' 하지 않고 '백원'이라고 하는 것과 비슷한 이치에요.

★ **帮** bāng 돕다 **告诉** gàosu 알리다 **拍** pāi 촬영하다

04 핸드폰 충전이 가능한가요?

MP3 듣기

能给手机充电吗?

[Néng gěi shǒujī chōngdiàn ma?]

'충전하다'는 중국어로도 똑같이 充电 chōngdiàn이라고 하고, '핸드폰'은 '손기계'란 뜻에서 手机 shǒujī라고 합니다. 그런데 充电은 뒤에 목적어를 바로 쓰지 않고, '给 gěi … 充电'으로 씁니다. '能…吗? Néng…ma?'는 '~할 수 있나요?'란 뜻의 부드러운 요청 표현입니다.

这里能给手机充电吗?
Zhèli néng gěi shǒujī chōngdiàn ma?
여기 핸드폰 충전이 가능한가요?

能, 有3个地方能充。
Néng, yǒu sān ge dìfang néng chōng.
네, 세 곳은 충전할 수 있어요.

충전을 받을 대상이 내가 아니라 '핸드폰'이니까, '핸드폰에게 충전을 준다'라고 표현해요.

★ **这里** zhèli 여기, 이곳 **能** néng ~할 수 있다 **地方** dìfang 장소, 곳 **充** chōng 충당하다

여기 와이파이 비번이 뭐예요?

这里的Wifi密码是多少?

[Zhèli de Wifi mìmǎ shì duōshao?]

'와이파이'는 그냥 영어 wifi를 쓰고, '비밀번호(비번)'는 密码 mìmǎ라고 합니다. 한국어는 '비번이 뭐예요?' 하고 묻는데, 중국어는 '비번이 얼마예요?' 하고 묻습니다. 그래서 多少 duōshao(얼마)를 사용하여 묻는데 '…是多少? …shì duōshao?'는 '~은 몇 (번)입니까?' 하는 표현입니다.

你好, 这里的Wifi密码是多少?
Nǐ hǎo, zhèli de Wifi mìmǎ shì duōshao?
안녕하세요, 여기 와이파이 비번이 뭐죠?

我们这里没有Wifi。
Wǒmen zhèli méiyǒu Wifi.
여기는 와이파이가 없어요.

한국어는 '여기 와이파이 되나요?' 하고 묻지만, 중국어는 '여기 와이파이 있나요?'하고 물어요. 그래서 **这里有Wifi吗?** (Zhèli yǒu Wifi ma?)라고 해요.

★ **密码** mìmǎ 암호, 비밀번호

06

MP3 듣기

화장실은 어디에 있나요?

卫生间在哪儿?

[Wèishēngjiān zài nǎr?]

여행 가서 가장 많이 쓰는 표현 중의 하나죠? 우선 '화장실'은 卫生间 wèishēngjiān을 제일 많이 쓰고, 洗手间 xǐshǒujiān도 많이 씁니다. '…在哪儿? …zài nǎr?'은 '~은 어디에 있나요?'란 뜻으로, 장소를 물을 때 쓰는 표현입니다.

请问卫生间在哪儿?
Qǐngwèn wèishēngjiān zài nǎr?
화장실은 어디에 있죠?

出门右手边。
Chūmén yòushǒu biān.
문을 나가서 오른쪽이에요.

위 패턴에 사람을 넣어도 돼요. **你在哪儿?**(Nǐ zài nǎr?) 하면 '너 어디에 있어?' 하는 표현이 됩니다.

★ **请问** qǐngwèn 말 좀 묻겠습니다 **出门** chūmén 문을 나가다 **右手** yòushǒu 오른손 **边** biān ~편, ~쪽

07

배가 아파요.

肚子疼。

[Dùzi téng.]

어디가 아프다는 표현은 '아픈 곳 + 疼 téng'을 써서 표현합니다. '배가 아프다'는 肚子疼 dùzi téng이라고 하고, '머리가 아프다'는 头疼 tóu téng이라고 합니다. 아프면 약을 먹어야겠죠? '약을 먹다'는 吃药 chīyào라고 합니다.

我肚子疼。 배가 아파.
Wǒ dùzi téng.

吃什么东西了? 뭘 먹었니?
Chī shénme dōngxi le?

★ **东西** dōngxi 물건(음식, 옷 등을 지칭할 때도 쓰임)

08 이 근처에 약국이 있나요?

MP3 듣기

这附近有药店吗?

[Zhè fùjìn yǒu yàodiàn ma?]

'这附近 zhè fùjìn(이 근처) + 有 yǒu(있다) + 药店 yàodiàn(약국) + 吗 ma(입니까?)'로 이루어진 표현입니다. 这附近有…吗? 사이에 药店 대신 便利店 biànlìdiàn(편의점), 超市 chāoshì(슈퍼), 地铁站 dìtiězhàn(지하철역) 등 다양한 장소를 넣어 물어보세요.

这附近有药店吗? 이 근처에 약국 있나요?
Zhè fùjìn yǒu yàodiàn ma?

有, 十字路口右转有一家。
Yǒu, shízì lùkǒu yòuzhuǎn yǒu yì jiā.
있어요. 사거리에서 우회전하면 하나 있어요.

★ **十字路口** shízì lùkǒu 사거리 **右转** yòuzhuǎn 오른쪽으로 돌다 **家** jiā 식당, 가게를 세는 단위

09

MP3 듣기

여권을 잃어버렸어요.

护照丢了。

[Hùzhào diū le.]

물건을 분실했을 때 쓰는 표현입니다. '…丢了 …diū le'는 '~을 잃어버렸다'란 뜻으로, 丢는 '잃다', '잃어버리다'란 뜻의 동사입니다. '여권'은 护照 hùzhào라고 합니다. 여권 대신에 手机 shǒujī(핸드폰), 钱包 qiánbāo(지갑) 등을 넣어서도 연습해 보세요.

怎么办 护照丢了。
Zěnmebàn, hùzhào diū le.
어떡해요, 여권을 잃어버렸어요.

再找一找吧。 다시 한 번 찾아봐요.
Zài zhǎoyizhǎo ba.

'동사+一+동사'는 '~해 봐'라는 뜻이 됩니다. 그래서 **找一找**(zhǎoyizhǎo) 하면 '잘 찾아봐'란 뜻입니다.

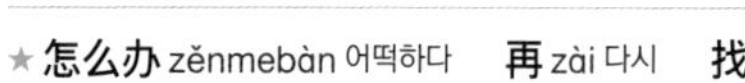

★ **怎么办** zěnmebàn 어떡하다 **再** zài 다시 **找** zhǎo 찾다

10 좀 도와주세요.

请帮助我。

[Qǐng bāngzhù wǒ.]

请 qǐng은 영어 'Please~'에 해당합니다. 帮助 bāngzhù는 '돕다'이고 我 wǒ는 '나'이니까, 말 그대로 Please help me.에 해당하는 표현입니다. 그런데 급할 때는 말이 더 짧아지죠? 帮帮我。Bāngbāng wǒ.라고 하셔도 '도와주세요'라는 표현이 됩니다. 긴급할 때 필요한 표현이니 꼭 기억해 두세요.

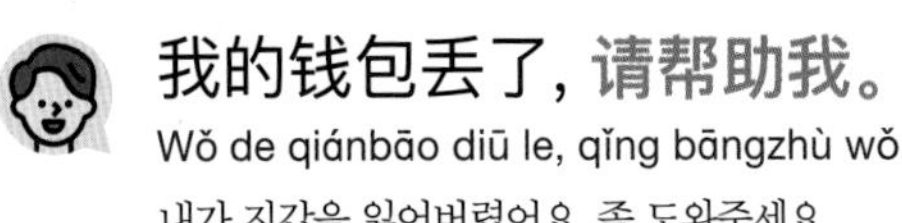

我的钱包丢了，请帮助我。
Wǒ de qiánbāo diū le, qǐng bāngzhù wǒ.
내가 지갑을 잃어버렸어요. 좀 도와주세요.

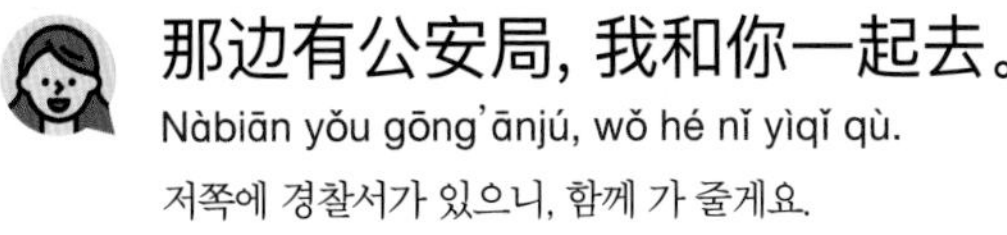

那边有公安局，我和你一起去。
Nàbiān yǒu gōng'ānjú, wǒ hé nǐ yìqǐ qù.
저쪽에 경찰서가 있으니, 함께 가 줄게요.

★ **钱包** qiánbāo 지갑　**公安局** gōng'ānjú 경찰서　**一起** yìqǐ 함께, 같이

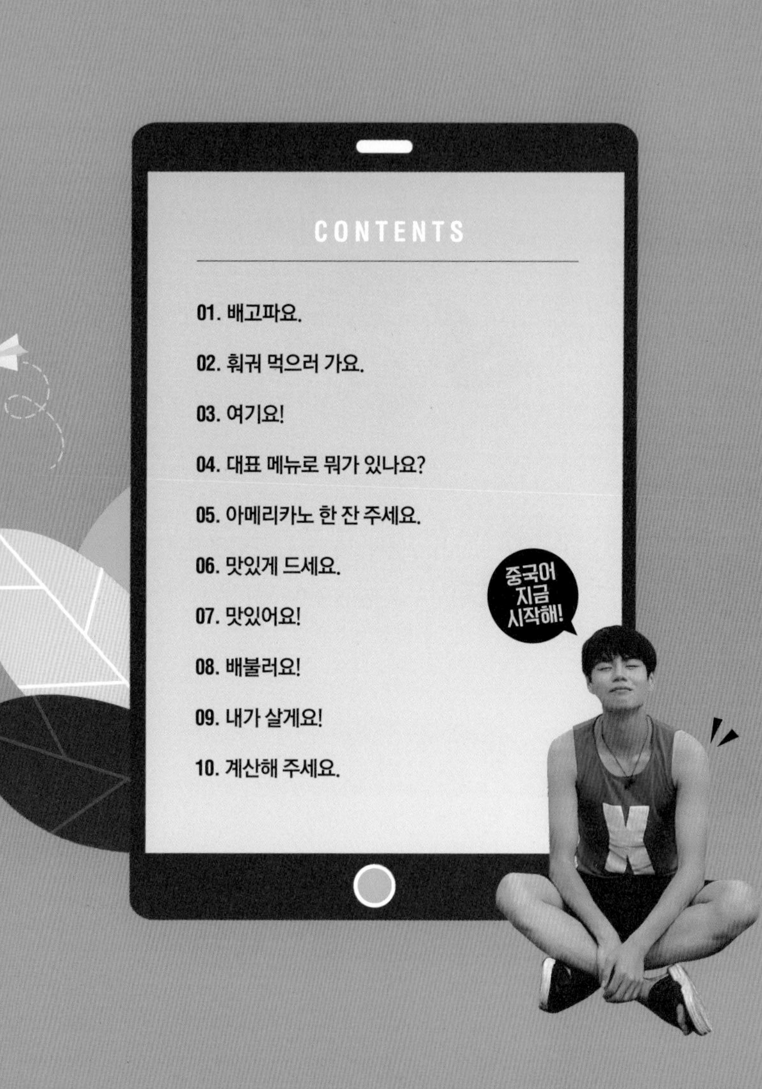
CONTENTS
01. 배고파요.
02. 훠궈 먹으러 가요.
03. 여기요!
04. 대표 메뉴로 뭐가 있나요?
05. 아메리카노 한 잔 주세요.
06. 맛있게 드세요.
07. 맛있어요!
08. 배불러요!
09. 내가 살게요!
10. 계산해 주세요.
중국어
지금
시작해!

CHAPTER 09

식사 중국어

배고파요.

我饿了。

[Wǒ è le.]

'배고파'는 중국어로 我饿了。Wǒ è le. 또는 我很饿。Wǒ hěn è.라고 하는데, 둘 다 많이 쓰는 표현이에요. 중국어는 형용사 앞에 습관적으로 很을 붙여주는데, 이때의 很은 '매우'의 느낌이 거의 없어요. 그래서 我很饿도 '매우 배고파'가 아니고 그냥 '배고파'의 느낌이에요.

我饿了。 나 배고파.
Wǒ è le.

我也是。我们点披萨吃吧!
Wǒ yě shì. Wǒmen diǎn pīsà chī ba!
나도 그래. 우리 피자 시켜 먹자!

★ **点** diǎn 주문하다 **披萨** pīsà 피자

한국어는 '~하러 가다'라고 표현하죠? 중국어는 '去 + 동사(가서 ~하다)'라고 일어나는 동작의 순서대로 말하면 됩니다. '훠궈'는 중국식 샤브샤브인데요, 한자를 살펴보면 '火 huǒ(불) + 锅 guō(큰 냄비)', 즉 '불이 타오르는 뜨거운 냄비'라는 의미예요. 吧 ba는 '~ 하자', '~해요'란 뜻의 권유를 나타내는 어기조사입니다.

我请客。你想吃什么?
Wǒ qǐngkè. Nǐ xiǎng chī shénme?
내가 한턱 낼 게, 뭐 먹고 싶어?

去吃火锅吧。 훠궈 먹으러 가요.
Qù chī huǒguō ba.

★ **请客** qǐngkè 한턱 내다　**想** xiǎng ~하고 싶다

03 MP3 듣기

여기요!

服务员!

[Fúwùyuán!]

식당 등에서 종업원을 부를 때 한국에서는 '여기요!' 하더라구요. 중국에서는 服务员 fúwùyuán 하고 불러요. 服务员(복무원)은 '서비스 직종에서 일하는 사람'을 뜻하는 단어입니다. 员의 발음인 yuán은 '위안'이 아니라 '위엔'인 것 기억하시죠?

服务员，点菜。 여기요, 주문할게요.
Fúwùyuán, diǎncài.

好的，来了。 네, 갑니다.
Hǎo de, lái le.

是，来了。는 직역하면 '네, 왔어요.'가 되는데, 여기서 **来**는 구체적인 동사를 대신하여 사용되어 '갑니다'라는 의미로 해석 돼요.

★ **点菜** diǎncài 주문하다

대표 메뉴로 뭐가 있나요?

MP3 듣기

有什么招牌菜?

[Yǒu shénme zhāopai cài?]

그 식당에서 제일 맛있고 잘 나가는 음식인 '대표 메뉴'를 중국어로 招牌菜 zhāopai cài라고 합니다. 招牌 zhāopai는 '간판'이고 菜 cài는 '요리'란 뜻이어서, '간판 요리 → 대표 메뉴, 대표 요리'라는 의미가 된 것이죠.

有什么招牌菜? 대표 메뉴로 뭐가 있나요?
Yǒu shénme zhāopai cài?

麻辣烫怎么样? 마라탕은 어떠세요?
Málàtàng zěnmeyàng?

★ **麻辣烫** málàtàng 마라탕(중국 음식 이름)

05

MP3 듣기

아메리카노 한 잔 주세요.

来一杯美式咖啡。

[Lái yì bēi měishì kāfēi.]

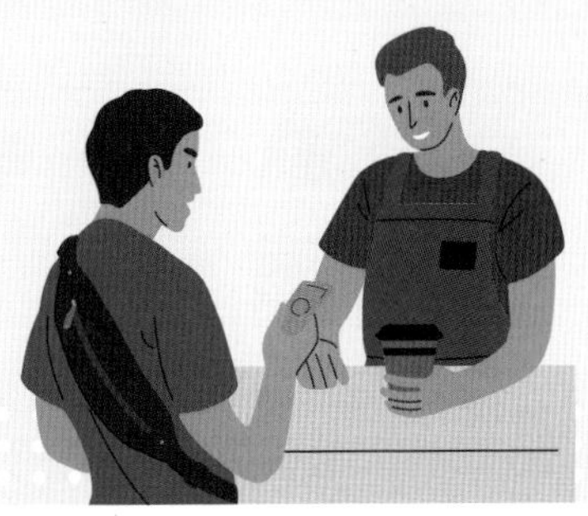

'커피'는 중국어로 咖啡 kāfēi인데, '아메리카노'는 '미국식 커피'라는 뜻에서 美式咖啡 měishì kāfēi라고 합니다. 참고로 '카페 라떼'는 拿铁咖啡 nátiě kāfēi라고 합니다. 来 lái는 '오다'라는 뜻이지만, 흔히 메뉴를 주문할 때에도 来를 써서 '~주세요'란 표현을 합니다.

您来点什么? 무엇을 주문하시겠어요?
Nín lái diǎn shénme?

来一杯美式咖啡。
Lái yì bēi měishì kāfēi.
아메리카노 한 잔 주세요.

아이스로 마시고 싶을 때는 앞에 **冰**(bīng)을 붙여서 **冰美式咖啡**(bīng měishì kāfēi), **冰拿铁咖啡**(bīng nátiě kāfēi)라고 주문하시면 됩니다.

★ **点** diǎn 주문하다

한국 친구들이랑 밥 먹을 때 "'맛있게 드세요'는 중국어로 뭐라고 해?"란 질문을 정말 많이 받아요. 하지만 중국어에는 식사 전에 하는 인사가 없고, 그냥 먹으면 돼요. 조금 격식 있는 자리에서 쓰는 식전 인사는 있는데, 바로 请慢用。Qǐng mànyòng.이에요. 慢 màn은 '천천히', 用 yòng은 '쓰다', '이용하다'의 의미가 합쳐져 '천천히 드세요'란 뜻입니다.

在这儿。请慢用。
Zài zhèr. Qǐng màn yòng.
여기 있습니다. 맛있게 드세요.

太好吃了。 너무 맛있어요.
Tài hǎochī le.

중국어에는 '맛있게 드세요'란 인사가 없듯이 '잘 먹었습니다'라는 인사도 없습니다.

★ **在** zài ~에 있다　**这儿** zhèr 여기　**太…了** tài…le 너무 ~하다

맛있어요!

好吃!

[Hǎochī!]

'맛있다'는 중국어로 好吃 hǎochī라고 합니다. '好(좋다) + 吃(먹다)'로 이뤄져 '먹기 좋다 → 맛있는 음식'이란 뜻으로 쓰입니다. 好에는 '매우', '꽤', '아주'란 뜻도 있어 好好吃! Hǎohāo chī! 하면 '아주 맛있어!'란 뜻이 됩니다.

这家美食店的面条很有名。
Zhè jiā měishídiàn de miàntiáo hěn yǒumíng.
이 국수 맛집 정말 유명해.

难怪, 很好吃。 어쩐지, 맛있더라.
Nánguài, hěn hǎochī.

好吃的(hǎochī de) 하면 '맛있는 거'니까 **吃好吃的吧**! (Chī hǎochī de ba!) 하면 '맛있는 거 먹자!' 라는 말이 됩니다.

★ **美食店** měishídiàn 맛집 **面条** miàntiáo 국수 **有名** yǒumíng 유명하다 **难怪** nánguài 어쩐지, 과연

08

MP3 듣기

배불러요!

吃饱了!

[Chī bǎo le!]

吃饱 chī bǎo는 '배불리 먹다'인데, 뒤에 변화의 어기조사 了를 붙여 吃饱了! Chī bǎo le! 하면 '배불러', '배불리 먹었어'란 표현입니다. 또는 吃를 빼고 饱了! Bǎo le!라고만 해도 '배불러!' 하는 표현이 됩니다. 둘 다 많이 쓰는 표현이니까 편한 대로 골라 사용하세요.

吃饱了吗? 많이 드셨나요?
Chī bǎo le ma?

吃饱了。 배불러요.
Chī bǎo le.

중국 사람들은 음식을 넉넉히 대접해야지 모자라면 안 된다고 생각해요. 그러니 중국 친구가 음식을 좀 많이 시키더라도 놀라지 마세요.

★ **吃** chī 먹다

'내가 살게', '내가 쏠게'는 중국어로 我请客。Wǒ qǐngkè. 인데, 중국인들은 대부분 줄여서 我请。Wǒ qǐng. 이라고만 해요. 请客 qǐngkè는 '초대하다', '한턱 내다'란 의미입니다.

今天大家好好吃, 我请! 오늘 모두 맘껏 먹어, 내가 살게!
Jīntiān dàjiā hǎohāo chī, wǒ qǐng!

服务员, 上最贵的。 여기요, 제일 비싼 거 주세요.
Fúwùyuán, shàng zuì guì de.

★ 大家 dàjiā 모두, 여러분　上 shàng 올리다　最 zuì 가장, 최고　贵 guì 비싸다

10

MP3 듣기

계산해 주세요.

买单。

[Mǎidān.]

买单 mǎidān은 '계산하다'라는 뜻입니다. 그런데 '계산해 주세요'라고 할 때도 다른 말 필요 없이 그냥 买单이라고 해요. 结账 jiézhàng도 '계산하다'란 뜻인데, 이것도 买单과 똑같이 '계산해 주세요'란 의미로 쓰입니다. 둘 중 편하게 골라서 계산하면 됩니다.

服务员, 买单。 여기요, 계산해 주세요.
Fúwùyuán, mǎidān.

总消费1000元。 총 1000 위안입니다.
Zǒng xiāofèi yìqián yuán.

单(dān)은 '리스트', '목록'이란 뜻이에요. **菜单**(cài dān) 하면 '메뉴판'을 가리켜요.

★ **总** zǒng 전부　**消费** xiāofèi 소비하다

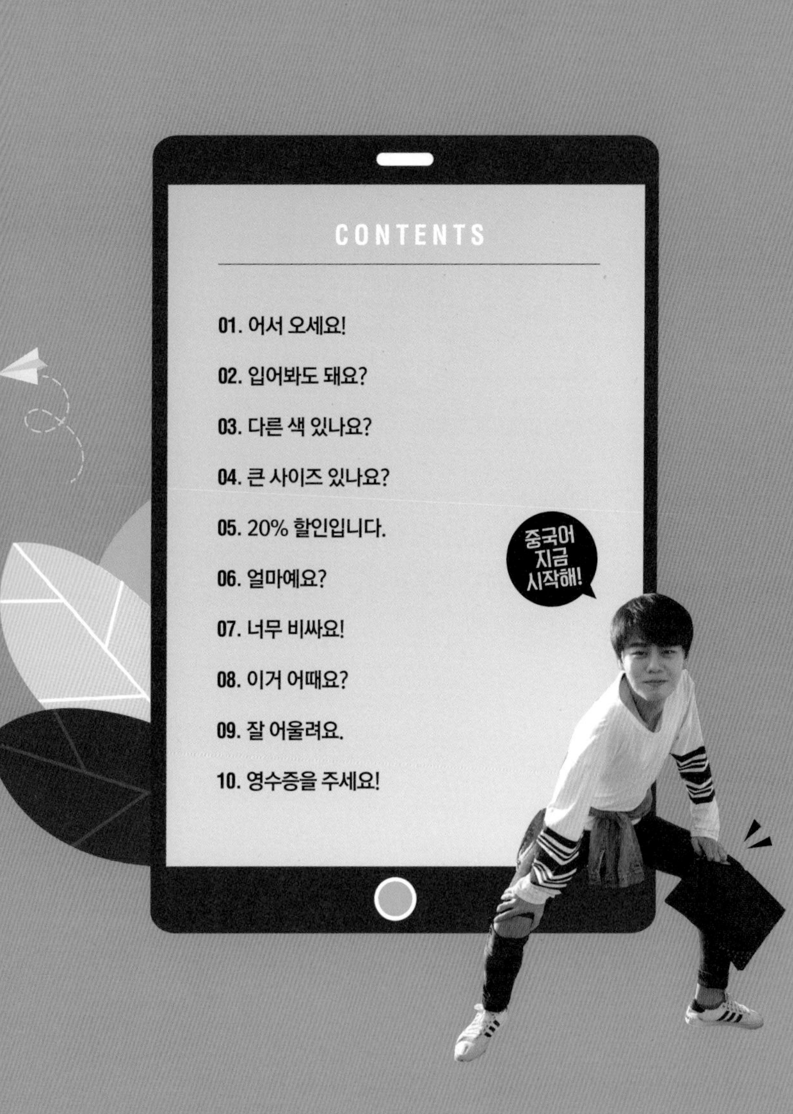
CONTENTS
01. 어서 오세요!
02. 입어봐도 돼요?
03. 다른 색 있나요?
04. 큰 사이즈 있나요?
05. 20% 할인입니다.
06. 얼마예요?
07. 너무 비싸요!
08. 이거 어때요?
09. 잘 어울려요.
10. 영수증을 주세요!
중국어 지금 시작해!

CHAPTER

10

쇼핑 중국어

어서 오세요!

欢迎光临!

[Huānyíng guānglín!]

'중국에서 상점을 방문할 때 많이 듣게 되는 표현입니다. '欢迎 huānyíng(환영하다) + 光临 guānglín(왕림하다)'으로 이뤄져 '왕림해 주신 것을 환영합니다 → 어서 오세요'라는 의미가 됩니다.

你好, 欢迎光临! 안녕하세요, 환영입니다.
Nǐ hǎo, huānyíng guānglín!

谢谢。 네, 감사해요.
Xièxie.

★ **谢谢** xièxie 감사하다

02

입어봐도 돼요?

可以试穿吗?

[Kěyǐ shìchuān ma?]

옷을 입어보려면 먼저 허락을 구해야 하죠? 상대방의 허락을 구할 때 '可以…吗? Kěyǐ…ma?' 구문을 사용하면 됩니다. 可以는 '~해도 좋다'는 뜻이니까, '可以…吗?' 하면 '~해도 좋습니까', '~해도 됩니까?'란 표현입니다. 试穿 shìchuān은 '입어보다'란 의미입니다.

这个挺好看的, 可以试穿吗?
Zhè ge tǐng hǎokàn de, kěyǐ shìchuān ma?
이거 정말 예쁘네요. 입어 봐도 돼요?

当然可以。 당연하죠.
Dāngrán kěyǐ.

★ **挺** tǐng 아주, 대단히 **好看** hǎokàn 보기 좋다, 아름답다 **当然** dāngrán 당연하다

03 다른 색 있나요?

MP3 듣기

有别的颜色吗?

[Yǒu biéde yánsè ma?]

'有…吗? Yǒu…ma?'는 '~이 있나요?'란 뜻의 구문인데, '다른'이란 뜻의 别的 biéde와 함께 색깔, 사이즈, 스타일 등이 다른 것이 있는지 물을 수 있습니다. 颜色 yánsè(색깔) 대신 款式 kuǎnshì(스타일), 号码 hàomǎ(사이즈) 등을 넣어 말해 보세요.

有别的颜色吗? 다른 색 있나요?
Yǒu biéde yánsè ma?

有蓝色, 黄色, 绿色, 您要哪个?
Yǒu lánsè, huángsè, lǜsè, nín yào nǎ ge?
파란색, 노란색, 초록색이 있어요. 어느 것을 원하세요?

★ **蓝色** lánsè 파란색 **黄色** huángsè 노란색 **绿色** lǜsè 초록색

04 큰 사이즈 있나요?

有大码吗?

[Yǒu dà mǎ ma?]

‘사이즈’는 중국어로 号码 hàomǎ라고 합니다. 大码 dà mǎ는 ‘큰 사이즈’, 小码 xiǎo mǎ는 ‘작은 사이즈’란 뜻입니다. 참고로 하나의 사이즈로만 나오는 ‘프리 사이즈’는 均码 jūn mǎ라고 합니다.

有大码吗? 큰 사이즈 있나요?
Yǒu dà mǎ ma?

没有, 是均码。 아니요, 프리 사이즈예요.
Méiyǒu, shì jūn mǎ.

★ **有** yǒu 있다

05 20% 할인입니다.

MP3 듣기

打8折。

[Dǎ bā zhé.]

打折 dǎzhé는 '할인하다', '에누리하다'입니다. 할인율을 표기할 때는 打와 折 사이에 숫자로 할인율을 적어주면 됩니다. 단, 중국은 한국과 할인율을 반대로 말하니 주의하세요. 가령 20% 할인은 打8折, 30% 할인은 打7折라고 표기합니다.

全部商品打8折。
Quánbù shāngpǐn dǎ bā zhé.
전 상품 20% 할인합니다.

太好了! 정말 잘됐네요!
Tài hǎo le!

그럼 할인율을 알고 싶을 땐 어떻게 물어야 할까요? **这个商品打几折**? (Zhè ge shāngpǐn dǎ jǐ zhé) 하면 '이건 얼마나 할인하죠?'란 표현입니다.

★ **全部** quánbù 전부, 전체 **商品** shāngpǐn 상품

쇼핑할 때 무턱대고 사면 안 되겠죠? 사기 전에 꼭 가격을 물어봐야죠. '얼마예요?'는 중국어로 多少钱? Duōshao qián?이라고 합니다. '多少 duōshao(얼마) + 钱 qián(돈)'으로 이뤄진 표현입니다.

我喜欢这个, 多少钱? 이거 맘에 들어요. 얼마예요?
Wǒ xǐhuan zhè ge, duōshao qián?

100块。 100위안입니다.
Yìbǎi kuài.

★ **喜欢** xǐhuan 좋아하다 **块** kuài 중국의 화폐단위인 위안(元 yuán)의 구어체 표현

너무 비싸요!

太贵了!

[Tài guì le!]

'太…了! Tài…le!'는 '너무 ~하다'라는 의미라고 앞에서 여러 번 배웠죠. 중간에 형용사 贵 guì를 쓰면 '너무 비싸다'라는 표현이 됩니다. 그 다음에는 '깎아주세요'가 나와야겠죠? '깎아주세요'는 便宜点儿吧! Piányi diǎnr ba!도 많이 쓰고, 打个折! Dǎ ge zhé!라고 해도 됩니다.

这双鞋子是200块。

Zhè shuāng xiézi shì liǎngbǎi kuài.

신발은 200위안입니다.

太贵了! 打个折!

Tài guì le! Dǎ ge zhé!

너무 비싸요! 할인 좀 해주세요!

'太…了!' 예문 중 제가 자주 쓰는 말은 **太辣了!**(Tài là le!)인데요, '너무 매워요!'란 뜻이에요.

★ **双** shuāng 켤레(쌍을 이루는 물건을 세는 단위) **鞋子** xiézi 신발

08

MP3 듣기

이거 어때요?

这个怎么样?

[Zhè ge zěnmeyàng?]

상대방의 의견이나 생각을 물을 때 거의 고정적으로 怎么样? Zěnmeyàng? 하고 물어봅니다. 정말 활용도가 높은 표현이니 꼭 기억해 두세요. 怎么样은 근황이나 상태를 물어볼 때도 많이 쓰여서, 你最近怎么样? Nǐ zuìjìn zěnmeyàng? 하면 '요즘 어떻게 지내?'란 뜻입니다.

这个款式怎么样? 이 스타일은 어떠세요?
Zhè ge kuǎnshì zěnmeyàng?

那个有点过时了。 그건 유행이 지났어요.
Nà ge yǒudiǎn guòshí le.

★ **款式** kuǎnshì 스타일 **有点** yǒudiǎn 조금, 약간 **过时** guòshí 유행이 지나다

09

MP3 듣기

잘 어울려요.

很合适。

[Hěn héshì.]

合适 héshì는 '어울리다', '적당하다'란 뜻의 형용사 표현이에요. 그래서 很合适 hěn héshì하면 '잘 어울린다'란 의미를 나타냅니다. 合适는 '적합하다'라는 의미도 있는데 '적합(適合)'을 거꾸로 뒤집은 표현이라고 기억하면 돼요. 适은 適(맞을 적)의 간체자거든요.

这件衣服你穿很合适。 이 옷이 당신에게 잘 어울리시네요.
Zhè jiàn yīfu nǐ chuān hěn héshì.

但是有点贵。 근데 조금 비싸네요.
Dànshì yǒudiǎn guì.

★ **件** jiàn 벌(옷을 세는 단위) **衣服** yīfu 옷 **穿** chuān 입다 **但是** dànshì 그러나, 그렇지만

중국에 출장을 갔다면 제일 중요한 단어가 바로 '영수증'이란 뜻의 发票 fāpiào일 거예요. '请给我… qǐng gěi wǒ…'는 영어의 Please give me~, 즉 '저에게 ~를 주세요'에 해당하는 표현입니다. 이처럼 중국어는 영어 어순이랑 비슷할 때가 많아요.

我来换一下昨天买的衣服。
Wǒ lái huàn yíxià zuótiān mǎi de yīfu.
어제 산 옷을 바꾸러 왔어요.

好的, 请给我发票! 네, 영수증을 주세요!
Hǎo de, qǐng gěi wǒ fāpiào!

★ **换** huàn 교환하다　**买** mǎi 사다　**衣服** yīfu 옷

CONTENTS
01. 너 질투하는 거야?
02. 나 오늘 데이트 있어.
03. 나랑 사귈래?
04. 나 남자친구 있어.
05. 나 남자친구랑 싸웠어.
06. 우리 헤어졌어.
07. 정말 미워!
08. 너 나한테 시집 올래?
09. 나 차였어!
10. 첫눈에 반했어!
중국어 지금 시작해!

CHAPTER 11

연애 혹은 결혼

MP3 듣기

너 질투하는 거야?

你吃醋了?

[Nǐ chīcù le?]

질투를 맛에 비유한다면 어떤 맛일까요? 중국 사람들은 신맛이 난다고 생각하는 거 같아요. 吃醋 chīcù 하면 글자 그대로는 '식초를 먹다'인데 바로 '질투하다'라는 의미로 쓰이거든요. 你吃醋了? 는 드라마를 보다 보면 정말 자주 등장하는 표현이니 꼭 기억해 두세요.

你吃醋了? 너 질투하는 거야?
Nǐ chīcù le?

哪有? 没有。 어디? 아냐.
Nǎ yǒu? Méiyǒu.

★ **哪** nǎ 어디, 어느, 어떤

02 나 오늘 데이트 있어.

今天我有约会。

[Jīntiān wǒ yǒu yuēhuì.]

MP3 듣기

约 yuē는 '약속'이고, 约会 yuēhuì는 '남녀 간의 데이트'를 가리킵니다. 그래서 '나 약속 있어.'는 我有约。Wǒ yǒu yuē.이고, 我有约会。Wǒ yǒu yuēhuì. 하면 '나 데이트 있어.'란 뜻입니다. 두 표현을 헷갈리는 경우가 많아 주의가 필요합니다.

我想吃火锅, 约吗?
Wǒ xiǎng chī huǒguō, yuē ma?
훠궈 먹고 싶은데, 콜?

不好意思, 今天我有约会。
Bùhǎoyìsi, jīntiān wǒ yǒu yuēhuì.
미안한데, 오늘 데이트 있어.

최근에는 **约吗?**(Yuē ma?)가 뭔가를 제안하고 할 건지 묻는 '콜?'의 의미로 쓰여요. **约!**(Yuē!) 하시면 '콜!'이라는 대답이 돼요.

★ **想** xiǎng ~하고 싶다 **火锅** huǒguō 훠궈 **不好意思** bùhǎoyìsi 미안하다, 부끄럽다

03 나랑 사귈래?

你愿意和我在一起吗?

[Nǐ yuànyì hé wǒ zài yìqǐ ma?]

'사귀다'는 交往 jiāowǎng이란 표현이 있지만, 在一起 zài yìqǐ도 '사귀다'란 뜻이에요. 글자 그대로 '같이 있다'로 해석해서 '같이 어울리자'는 말로 오해하지 마세요. 愿意 yuànyì는 '~하기를 바라다'란 뜻이고, 和 hé는 '~와'란 뜻입니다. 참고로 중국어는 감정 표현을 돌려서 말하는 특징이 있어요. 가령 '좋다'는 말도 不错 búcuò라고 '나쁘지 않다'라고 말하는 식이죠.

我喜欢你, 你愿意和我在一起吗?
Wǒ xǐhuan nǐ, nǐ yuànyì hé wǒ zài yìqǐ ma?
널 좋아해, 나랑 사귈래?

我想一下。 생각해볼게.
Wǒ xiǎng yíxià.

★ **喜欢** xǐhuan 좋아하다

04

나 남자친구 있어.

我有男朋友。

[Wǒ yǒu nánpéngyou.]

중국어로 '친구'는 朋友 péngyou인데요, '여자친구'는 女朋友 nǚpéngyou, '남자친구'는 男朋友 nánpéngyou라고 합니다. 연인 관계가 아닌 '여사친(여자사람친구)', '남사친(남자사람친구)'은 중간에 的를 넣어 女的朋友 nǚde péngyou, 男的朋友 nánde péngyou라고 합니다.

你是不是从来都没谈过恋爱?
Nǐ shìbushì cónglái dōu méi tán guo liàn'ài?
너 한번도 연애해 본 적 없지?

说什么呢, 我有男朋友。
Shuō shénme ne, wǒ yǒu nánpéngyou.
무슨 소리야. 나 남자친구 있어.

참고로 **女友**(nǚyǒu)는 '여친', **男友**(nányǒu)는 '남친'이에요. 그래서 **前女友**(qiánnǚyǒu)는 '전여친', **前女友**(qián-nányǒu)는 '전남친'이랍니다.

★ **从来** cónglái 지금까지 **谈恋爱** tán liàn'ài 연애하다 **过** guo ~한 적이 있다

05

나 남자친구랑 싸웠어.

我和男朋友吵架了。

[Wǒ hé nánpéngyǒu chǎojià le.]

중국어는 말로 싸우는 것과 치고 박고 싸우는 것을 구별해서 사용해요. 그래서 吵架 chǎojià는 '말다툼하다'란 뜻이고, 打架 dǎjià는 '(때리며) 싸우다'란 뜻이에요. 남자친구랑 싸우는 것은 보통 말로 다투는 거니까 吵架를 쓰면 돼요.

你今天又要去约会吗?
Nǐ jīntiān yòu yào qù yuēhuì ma?
너 오늘도 데이트하러 가?

我和男朋友吵架了。
Wǒ hé nánpéngyǒu chǎojià le.
나 남자친구랑 싸웠어.

중국 친구에게 '남자친구랑 **打架**(dǎjià)했다'고 말하면 '데이트 폭력' 같은 사건을 떠올릴 수도 있어요.

★ **今天** jīntiān 오늘 **又** yòu 또

06

MP3 듣기

우리 헤어졌어.

我们分手了。

[Wǒmen fēnshǒu le.]

'헤어지다'는 중국어로 分手 fēnshǒu라고 합니다. 分 fēn은 '나눌 분'이고 手 shǒu은 '손 수'인데요, '손을 나누다'가 '헤어지다'라는 의미라니 의미심장하지 않나요? 了 le는 헤어진 상태로 변했다는 걸 의미하는 변화의 了입니다.

我们分手了。 우리 헤어졌어.
Wǒmen fēnshǒu le.

别伤心。 너무 슬퍼하지 마.
Bié shāngxīn.

★ **别** bié ~하지 마라　**伤心** shāngxīn 슬퍼하다

정말 미워!

真讨厌!

[Zhēn tǎoyàn!]

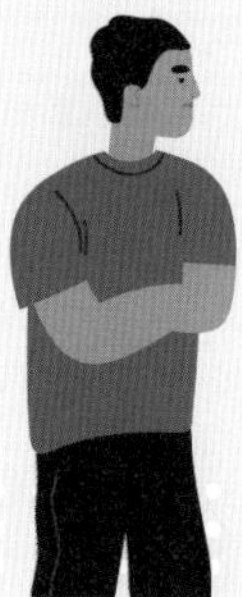

讨厌 tǎoyàn은 '미워하다', '싫어하다'이고, 真 zhēn은 '정말', '진짜'란 뜻으로 영어의 really를 떠올리면 됩니다. 그래서 真讨厌! Zhēn tǎoyàn! 하면 '정말 미워!'란 뜻이 됩니다. 연인끼리 투정부리듯 쓸 수도 있지만, 정말 싫을 때도 쓰이니 상황에 맞게 사용하세요.

你真讨厌! 너 진짜 미워!
Nǐ zhēn tǎoyàn!

我错了，对不起。
Wǒ cuò le, duìbuqǐ.
내가 잘못했어. 미안.

잘못했다고 했을 때 여자친구가 "뭘 잘못했는데?" 하고 되물으면 이렇게 말씀하세요. **我都错了!**

★ **错** cuò 틀리다, 잘못하다

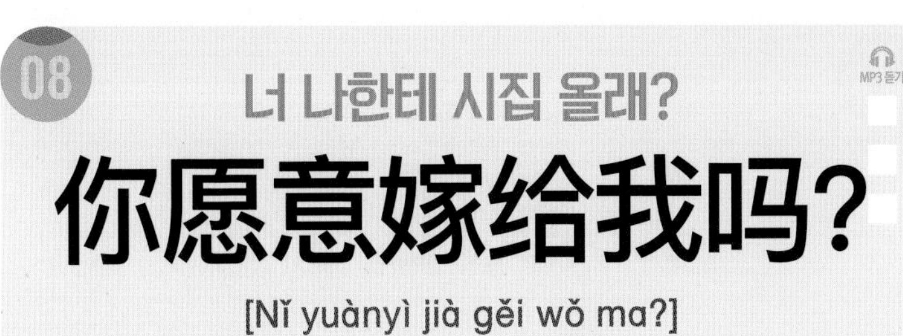

08 너 나한테 시집 올래?

你愿意嫁给我吗?

[Nǐ yuànyì jià gěi wǒ ma?]

영어의 청혼 표현인 Will you marry me?의 중국어 버전이라고 생각하시면 돼요. 嫁 jià는 '시집 가다'인데요, 한자를 보면 여자(女)가 남자의 집(家)으로 간다는 의미네요. 승낙할 때 영어는 I do!하죠? 중국어는 我愿意! Wǒ yuànyì!라고 합니다.

你愿意嫁给我吗?
Nǐ yuànyì jià gěi wǒ ma?
나한테 시집을 올래?

我愿意。 좋아.
Wǒ yuànyì.

마음에 없는 사람이 청혼을 해 온다면 거절도 할 수 있어야겠죠? 거절할 때는 **不愿意**!(Bú yuànyì!)라고 해요.

★ **愿意** yuànyì 원하다, 바라다

09 나 차였어!

我被甩了!

[Wǒ bèi shuǎi le!]

'차다'는 중국어로 甩 shuǎi라고 합니다. 甩는 원래 '내던지다', '떼어버리다'란 의미인데, 남녀 사이에서는 '차다'란 뜻으로 쓰여요. '차이다'는 차임을 '당한' 것이므로, '~에게 ~당하다'란 의미의 被 bèi자를 이용해 피동문으로 만들어집니다.

我被甩了! 나 차였어!
Wǒ bèi shuǎi le!

这次是第几次了?
Zhè cì shì dì jǐ cì le?
이번이 몇 번째이야?

甩를 보면 **用**(쓸 용)에서 다리가 나와 뻥 차는 모양이지 않나요? 쓸모가 없어서 차이는 것을 연상해 외워 보세요!

★ **次** cì 순서, 차례, 번, 횟수

一见钟情 yí jiàn zhōng qíng은 말 그대로 '첫눈에 반하다'라는 표현입니다. '一见 yí jiàn(첫눈에) + 钟情 zhōng qíng(사랑에 빠지다)'이 합쳐져 '첫눈에 반하다'라는 의미의 표현이 됩니다.

我们一见钟情! 우리는 첫눈에 반했어!
Wǒmen yí jiàn zhōng qíng!

好浪漫啊! 정말 낭만적이야!
Hǎo làngmàn a!

★ **浪漫** làngmàn 낭만적이다

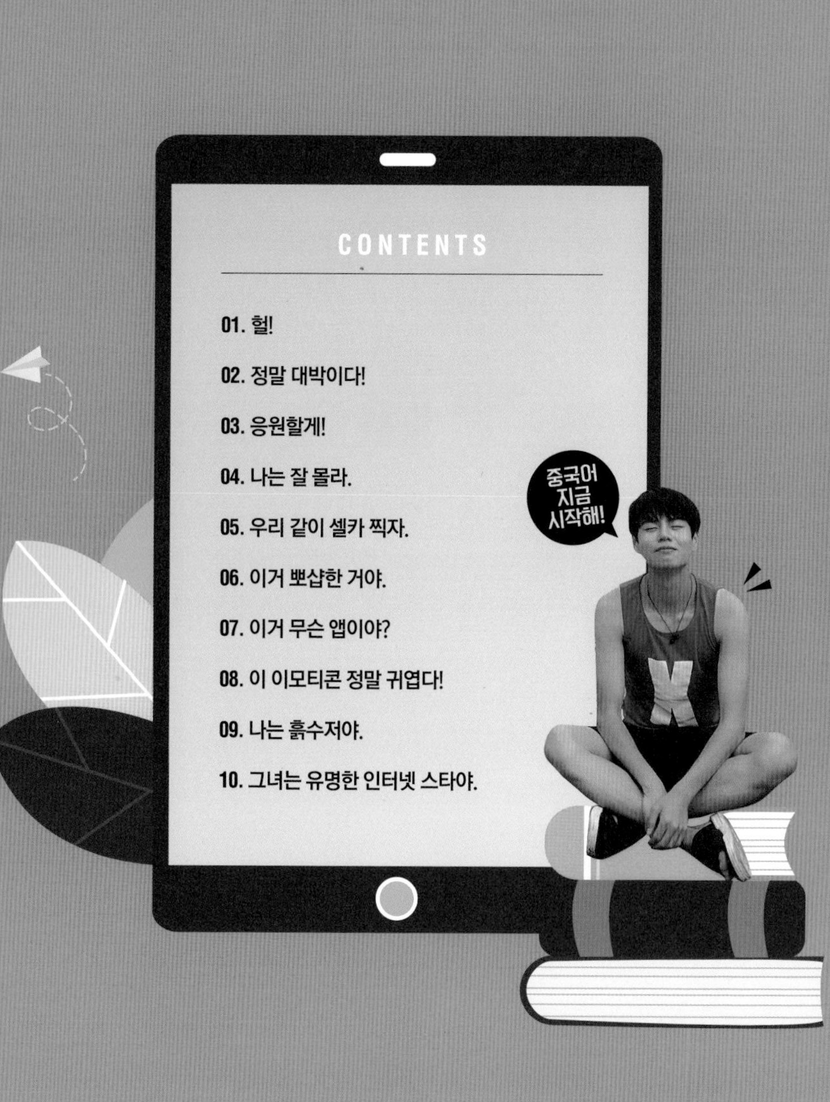
CONTENTS
01. 헐!
02. 정말 대박이다!
03. 응원할게!
04. 나는 잘 몰라.
05. 우리 같이 셀카 찍자.
06. 이거 뽀샵한 거야.
07. 이거 무슨 앱이야?
08. 이 이모티콘 정말 귀엽다!
09. 나는 흙수저야.
10. 그녀는 유명한 인터넷 스타야.
중국어 지금 시작해!

CHAPTER

12

SNS 중국어

헐!

我晕!

[Wǒ yūn!]

我晕! Wǒ yūn!을 글자 그대로 해석하면 '나 어지러워'인데, 어이가 없고 황당할 때 쓰는 '헐', '대박'이란 의미입니다. 晕 yūn은 원래 '어지럽다'라는 뜻이에요. 我去! Wǒ qù! 역시 어이없거나 곤란한 상황에 쓰이는 표현인데, '헉', '이런', 젠장' 정도의 뉘앙스로 좀 더 강렬한 표현입니다.

我女友对我说, 分手吧。
Wǒ nǚyǒu duì wǒ shuō, fēnshǒu ba.
여자친구가 나한테 헤어지자고 해.

我晕, 为什么? 헐, 왜?
Wǒ yūn, wèishénme?

雷人(léirén)이란 표현도 너무 기가 막히거나 어이없을 때 '헐' 하는 의미로 쓰여요.

★ **女友** nǚyǒu 여자친구 **对** duì ~에게 **分手** fēnshǒu 헤어지다 **为什么** wèishénme 왜

이 표현은 '짱이다', '잘했다', '대박이다'란 뜻으로, 칭찬할 때 쓰는 말이에요. 표현에 力(힘 력)자가 들어가 있어 SNS상에서 주먹을 불끈 쥔 삽화와 함께 이모티콘 형태로 자주 보실 수 있어요.

你看这个包怎么样? 是我昨天亲自做的。
Nǐ kàn zhè ge bāo zěnmeyàng? Shì wǒ zuótiān qīnzì zuò de.
이 가방 어때? 내가 어제 직접 만들었어.

太给力了! 정말 대박이다!
Tài gěi lì le!

★ **包** bāo 가방 **怎么样** zěnmeyàng 어떠하다 **亲自** qīnzì 직접 **做** zuò 만들다

응원할게!

MP3 듣기

打call!

[Dǎ call!]

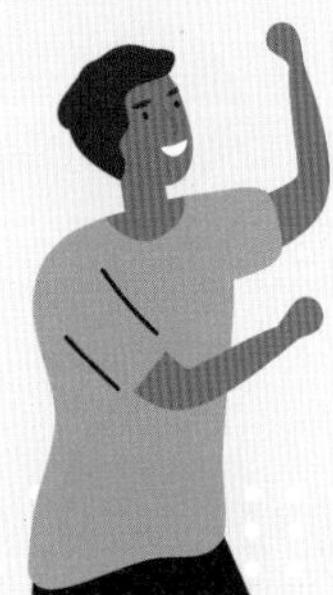

打call dǎ call은 SNS 등에 많이 등장하는 유행어예요. '격려하다'란 뜻의 打气 dǎqì의 打에 영어 call이 붙어서 '응원하다'란 뜻이 되었어요. 打call은 콘서트장에서 손이나 야광봉을 흔들며 응원하는 것을 가리키는 단어라고 합니다.

我要当演员。 나 배우 할 거야.
Wǒ yào dāng yǎnyuán.

我为你打call! 응원할게!
Wǒ wèi nǐ dǎ call!

★ **当** dāng 되다 **演员** yǎnyuán 배우 **为** wèi ~를 위해서

04 나는 잘 몰라.

我是来打酱油的。

[Wǒ shì lái dǎ jiàngyóu de.]

방송국에서 길 가던 시민에게 의견을 묻자 '그게 나랑 무슨 상관이냐, 난 간장 사러 간다'라고 대답한 영상에서 유래된 표현입니다. 酱油 jiàngyóu는 '간장'으로, 打酱油 dǎ jiàngyóu를 직역하면 '간장을 사다'인데, 실제로는 '나랑 상관없다', '관심 없다', '잘 모르다', '잡무를 하다'라는 의미로 쓰입니다.

他们俩吵架了吗? 저 두 사람 싸웠어요?
Tāmen liǎ chǎojià le ma?

别问我。我是来打酱油的。
Bié wèn wǒ. Wǒ shì lái dǎ jiàngyóu de.
저한테 묻지 마세요. 저는 잘 몰라요.

★ **他们** tāmen 그들 **俩** liǎ 두 사람 **吵架** chǎojià 싸우다 **问** wèn 묻다

우리 같이 셀카 찍자.

我们一起自拍吧。

[Wǒmen yìqǐ zìpāi ba.]

自拍 zìpāi는 '셀카' 또는 '셀카를 찍다'로도 쓰입니다. '자신', '본인'이란 뜻의 自 zì와 '찍다'란 뜻의 拍 pāi가 합쳐진 단어로, 발음은 '지파이'가 아니라 '쯔파이'예요. 참고로 한국에서는 사진 찍을 때 '김치'라고 하는데, 중국에서는 茄子 qiézi(가지)라고 합니다.

风景优美啊! **我们一起自拍吧。**
Fēngjǐng yōuměi a! Wǒmen yìqǐ zìpāi ba.
풍경이 정말 예쁘다! 우리 같이 셀카 찍자.

好的, 茄子。 좋아. 김치.
Hǎo de, qiézi.

'셀카봉'은 **杆**(몽둥이 간) 자를 넣어서 **自拍杆**(zì-pāigǎn)이라고 해요.

★ **风景** fēngjǐng 풍경 **优美** yōuměi 우아하고 아름답다

06 이거 뽀샵한 거야.

这是P图的。

[Zhè shì ptú de.]

MP3 듣기

P图 Ptú는 사진 보정을 의미하는 '뽀샵(포토샵)'에 해당하는 중국어 표현으로, 영어 photoshop의 p와 '사진', '그림'을 가리키는 图片 túpiàn의 图를 합쳐 만든 표현입니다.

중국인들은 일반적으로 뽀샵을 잘합니다. 중국 네티즌이 뽑은 '아시아 4대 기술'이 있는데요. 태국의 성전환 수술, 일본의 화장 기술, 한국의 성형 수술, 그리고 중국의 뽀샵 기술이랍니다.

哇，照片照得很好。
Wā, zhàopiàn zhào de hěn hǎo.
와, 사진 잘 나왔다.

这是P图的。 이거 뽀샵한 거야.
Zhè shì ptú de.

★ **哇** wā 와(의외로 깜짝 놀람을 나타냄) **照片** zhàopiàn 사진 **照** zhào 찍다

MP3 듣기

이거 무슨 앱이야?

这是什么软件?

[Zhè shì shénme ruǎnjiàn?]

요즘은 스마트폰을 쓰는 분이 많아 앱 사용은 필수입니다. '스마트폰'은 智能手机 zhìnéng shǒujī라고 하고, '앱'은 软件 ruǎnjiàn이라고 합니다. 软件은 '소프트웨어'란 뜻인데 요즘은 '어플', '앱'을 가리키는 말로 자주 쓰입니다.

这个地图太方便了。这是什么软件?
Zhè ge dìtú tài fāngbiàn le. Zhè shì shénme ruǎnjiàn?
이 지도 너무 편하네. 이거 무슨 앱이야?

这个软件很流行，你也下载一个吧。
Zhè ge ruǎnjiàn hěn liúxíng, nǐ yě xiàzài yí ge ba.
이 앱 아주 유행인데, 너도 하나 다운받아.

★ **方便** fāngbiàn 편리하다 **流行** liúxíng 유행하다 **下载** xiàzài 다운로드하다

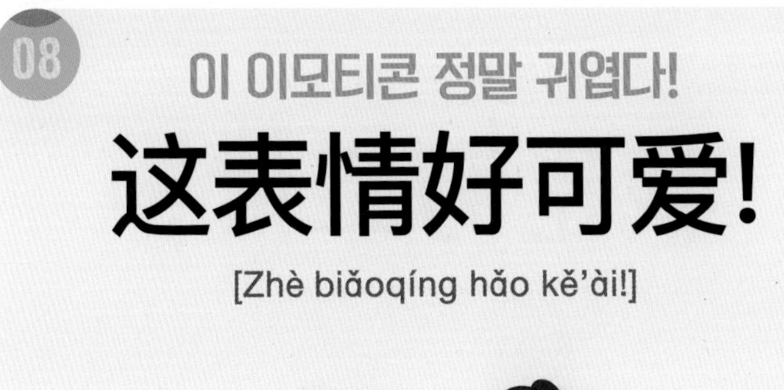

08 이 이모티콘 정말 귀엽다!

这表情好可爱!

[Zhè biǎoqíng hǎo kě'ài!]

MP3 듣기

表情 biǎoqíng은 한자어 그대로 '표정'이란 뜻이에요. 그런데 SNS 상에서는 '이모티콘'이란 뜻으로 더 많이 쓰여요. 친구가 재미있는 이모티콘을 보냈다면 위와 같은 표현을 해 주세요. 여기서 好 hǎo는 '매우', '정말'의 의미로 쓰였습니다.

这表情好可爱!
Zhè biǎoqíng hǎo kě'ài!
이 이모티콘 정말 귀엽다!

这是最近新出的表情。
Zhè shì zuìjìn xīn chū de biǎoqíng.
최근에 새로 나온 이모티콘이야.

한국에서는 '카톡'으로 채팅을 많이 하죠? 중국에서는 채팅할 때 **微信**(wēixìn)이라는 어플을 주로 사용하는데, Wechat도 같은 어플이에요.

★ **新** xīn 새롭다 **出** chū 생겨나다

09

나는 흙수저야.

我是穷二代。

[Wǒ shì qióng'èrdài]

빈부격차가 커지면서 생겨난 표현이죠. 원래 '재벌 2세', '금수저'를 가리키는 富二代 fù'èrdài란 단어가 있었는데 이 富二代의 반대 개념으로 생겨난 말이 穷二代 qióng'èrdài로, '흙수저'를 가리키는 말이에요.

听说他是富二代。 걔 재벌 2세래.
Tīngshuō tā shì fù'èrdài.

好羡慕啊! 我是穷二代。
Hǎo xiànmù a! Wǒ shì qióng'èrdài.
정말 부럽다! 난 흙수저인데.

'가난한 집안에서 스스로 노력해서 성공한 남자'를 가리키는 **凤凰男**(fèng-huángnán)이란 말도 자주 접할 수 있어요.

★ **听说** tīngshuō 듣자 하니 ~라 한다 **羡慕** xiànmù 부러워하다

10 그녀는 유명한 인터넷 스타야.

MP3 듣기

她是有名的网红。

[Tā shì yǒumíng de wǎnghóng.]

网红 wǎnghóng은 유튜브나 웨이보 등에서 인기가 있는 '인터넷 스타', '인플루언서(influencer)'를 가리키는 말입니다. 网红은 网络红人 wǎngluò hóngrén의 줄임말인데, 网络 wǎngluò는 '네트워크', '인터넷'을 가리키고, 红人 hóngrén 하면 '유명인'이란 뜻입니다.

她是谁啊? 저 여자는 누구야?
Tā shì shéi a?

她是有名的网红。
Tā shì yǒumíng de wǎnghóng.
그녀는 유명한 인터넷 스타야.

红(hóng)은 紅(붉을 홍)의 간체자인데, '인기가 있다', '성공적이다'란 의미입니다.

★ **她** tā 그녀　**谁** shéi 누구

辛苦了!
수고하셨습니다!